LA VIE D'UN DOUANIER

In - 8°, 4ᵉ série.

BOUCHER DE PERTHES

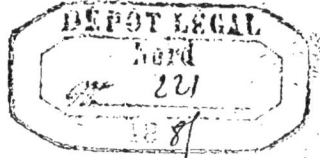

LA VIE

D'UN DOUANIER

(BOUCHER DE PERTHES)

PAR A. LEDIEU

CONSERVATEUR HONORAIRE

DU MUSÉE BOUCHER-DE-PERTHES D'ABBEVILLE

> Mon but est toujours le même,
> Grandir pour faire des heureux.
> *Les Maussades.*

———

LIBRAIRIE DE J. LEFORT

IMPRIMEUR ÉDITEUR

LILLE	PARIS
rue Charles de Muyssart, 24	rue des Saints-Pères, 30

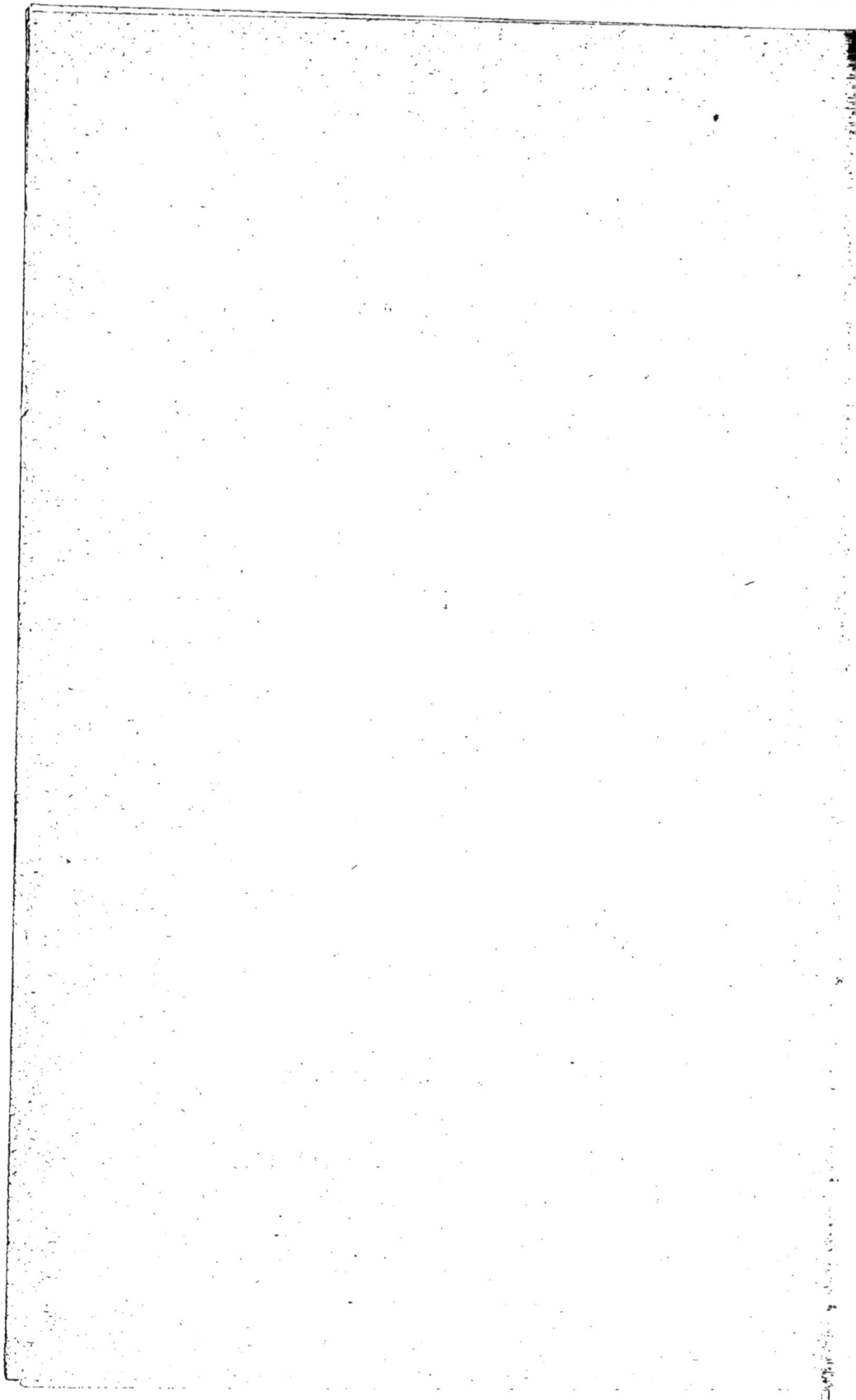

LA VIE D'UN DOUANIER

Une longue existence, dignement remplie, qui mérite d'être racontée et proposée comme exemple aux générations à venir, est celle d'un homme, qui, s'il n'est point l'un des plus célèbres de la France contemporaine, en est du moins l'une des figures les plus intéressantes et les plus originales. Cet homme est Boucher de Perthes, qui traversa sans reproche et sans peur l'immense et dangereux espace de l'histoire moderne qui s'étend de la fin du règne de Louis XVI à la fin du règne de Napoléon III.

Il faut faire quatre parts de la vie de cet homme complexe. Il y eut en lui le douanier, dont la ponctualité ne s'est jamais démentie un seul instant durant un demi-siècle; le littérateur, dont l'esprit éveillé sur toutes choses se portait un peu au hasard sur les sujets les plus divers; le philanthrope généreux, toujours préoccupé de l'amélioration des classes laborieuses; et enfin le géologue inconscient, il est vrai, mais dont les découvertes ont été le point de départ d'un mouvement d'études très important qui ont valu à son nom une si retentissante popularité.

En retraçant les quatre phases de la vie de cet homme de bien, il y aura profit pour nous et pour nos descendants si elles nous rendent meilleurs : notre but sera atteint et nous pourrons nous en féliciter.

ε

I

Jacques Boucher de Crévecœur est né dans les Ardennes, à Rethel, le 10 septembre 1788; il était l'aîné des sept enfants qu'eurent J.-A.-G. Boucher et Marie de Perthes. Par sa mère, il descendait de Pierre de Perthes, qui épousa Marguerite Romée, cousine-germaine de Jeanne d'Arc, l'immortelle vierge de Domremy; c'est de cette parenté que se prévalut Jacques Boucher pour obtenir une ordonnance royale le 16 septembre 1818 l'autorisant à ajouter à son nom celui de sa mère, nom que lui seul devait illustrer, puisqu'il s'éteignit avec lui.

Jacques Boucher avait trois ans lorsque son père vint s'établir à Abbeville comme directeur des douanes. Bientôt les excès du mouvement social qui allait renouveler la France firent fermer les églises et les écoles; il n'y avait plus qu'au foyer de la famille où l'on recevait l'instruction. A l'âge de cinq ans, Jacques Boucher eut un précepteur, ex-séminariste, qui fut bientôt appelé sous les drapeaux ; le jeune élève, envoyé chez une ancienne religieuse, y resta deux ans ; il en sortit sans y avoir rien appris, pour entrer dans une pension tenue par un ex-oratorien, où il devait étudier le latin.

Le jeune écolier était laborieux, mais il n'avait pas de mémoire ; aussi l'absence de cette faculté faisait croire qu'il avait une *tête dure ;* son père disait : « Il a de la bonne volonté, mais c'est tout ; la facilité lui manque, ce n'est pas sa faute. On ne saurait exiger de lui ce qu'il n'a point, ni le punir pour ce qu'il ne peut faire. »

Longtemps après, Boucher de Perthes, devenu homme, disait de lui, en parlant de ses premières études : « J'étais donc un sot pour tout le monde ; il ne me restait plus qu'à l'être aussi pour moi. D'abord, j'hésitai à le croire ; il me semblait qu'il y avait une voix en moi qui me disait le contraire, et que le défaut de mémoire n'était pas précisément l'absence de bon sens. Je comprenais, tout aussi bien que mes condisciples, ce qu'on essayait de me faire comprendre. Ce que je ne pouvais répéter mot à mot, je savais l'exprimer en d'autres termes, et rendre tout comme eux, et mieux qu'eux peut-être, un compte exact de ce que je n'avais pu retenir littéralement. »

Un jour que notre jeune écolier voulut réciter une leçon, non pas mot à mot, mais telle qu'il la comprenait, son maître l'arrêta brutalement, ne s'imaginant point que l'on pût parodier une leçon. Dès ce moment, traité d'imbécile par son maître et par ses condisciples, il accepta cette qualification comme réelle, bien qu'il en fût profondément humilié. Il ne lui fut plus jamais possible de réciter une leçon en entier, car il croyait toujours entendre les rires de ses camarades. « Cette timidité, a-t-il dit, a duré tant que j'ai été écolier, et même plus tard, car, arrivé à l'âge d'homme, ce ne fut que par des efforts inouïs que je suis parvenu à vaincre la répugnance que j'éprouvais et que j'éprouve encore à parler en public. Je ne le puis qu'en n'y pensant pas d'avance,

et conséquemment en ne préparant jamais ce
que j'ai à dire. »

Le jeune Boucher en vint donc à croire à
son idiotisme, et, dès lors, il perdit tout sentiment d'émulation et ne fit plus aucun effort :
c'était, lui semblait-il, peine perdue. « Oui, je le
sens aujourd'hui, écrivait-il beaucoup plus tard,
on m'avait conduit, pas à pas, à une annihilation
complète. Assurément, nul n'en avait ni le
désir ni l'intention : mon père m'aimait ten-
drement, et M. G*** (son maître de pension)
ne souhaitait rien tant que de me voir savant.
Mais ma timidité, mon défaut de mémoire,
mon dégoût ou mon impuissance d'imitation,
avaient aveuglé tout le monde. Je ne pouvais
ni dire ni faire littéralement ce que disaient,
ce que faisaient les autres ; on en avait conclu
que j'étais inférieur à tous ; » et il ajoutait
avec beaucoup de vérité : « Hélas ! c'est presque toujours ainsi que l'on juge les caractères
dans les écoles et souvent même dans le monde.
On mesure l'homme non à sa taille, non à ses
facultés, non à ses œuvres, mais à celles de
ses voisins. »

Notre jeune écolier allait atteindre sa qua-

torzième année, quand, un jour de congé, il
partit, à travers la campagne, un fusil à la
main, avec trois de ses camarades un peu plus
âgés que lui ; après avoir marché toute une
journée, nos chasseurs s'étant égarés, trouvè-
rent l'hospitalité chez un brave curé qui, fidèle
à son ministère, leur fit d'abord un petit sermon sur leur imprévoyance ; deux d'entre eux
couchèrent dans le seul lit disponible du pres-
bytère. Jacques Boucher et l'autre camarade
couchèrent dans la grange, où ils pénétrèrent
sans lumière, crainte de feu ; la servante du
curé leur porta une couverture qu'elle leur
remit à tâtons. Jacques Boucher se réveilla
le premier, le lendemain matin, et remar-
quant aussitôt que leur luxueuse enveloppe
était noire et qu'elle portait une immense croix
blanche, il reconnut, en sa qualité de servant
de messe, qu'il reposait sous un drap mor-
tuaire. Il avait à peine fait cette remarque que
survenaient ses deux camarades qui avaient
couché dans le lit ; il leur fit signe de ne point
rire afin de ne pas éveiller l'autre compagnon
qui dormait encore. Jacques Boucher, quit-
tant la place où il avait pourtant si bien dormi,

arrangea proprement le drap sur son camarade, et, faisant signe aux deux autres, ils se
mirent à genoux et entonnèrent un vigou-
reux *De Profundis* qui réveilla le dormeur.
Il fallait voir la mine allongée de celui-ci!
Néanmoins l'hilarité de ses trois camarades
le rassura bientôt de son inhumation pré-
cipitée.

Boucher de Perthes reconnaissait plus tard
qu'il n'avait jamais pu travailler avec personne, parce qu'il ne lui était point possible de
s'astreindre à écouter longtemps. « Dès qu'une
pensée me frappe, disait-il, je la saisis et la
suis à part moi, sans plus m'occuper de l'orateur. Il en résulte que jamais je n'ai entendu
d'un bout à l'autre ni un sermon, ni une lecture, ni une démonstration quelconque, et dès
lors, que je n'en comprends que ce que je
devine ou que je m'explique moi-même. Mais,
soit par habitude, soit par instinct, je puis
pourtant rendre un compte assez exact de ce
dont je n'ai pas suivi le détail. Il suffit qu'un
récit soit plus ou moins hérissé de jalons, ou
seulement qu'il ne soit pas partout également
bon ou également mauvais, pour que ces iné-

galités me réveillent, parce que, sans le vouloir, je m'y pique ou m'y accroche. Alors, j'entends par intuition et, pour ainsi dire, par attouchement, comme ce sourd ou cet aveugle ; et, ainsi aidé, je remplis les intervalles et refais dans ma pensée ce que je n'ai pas entendu. Bref, à la fin du discours, je me trouve presque toujours de pair avec les autres auditeurs, même les plus attentifs. »

En 1803, le jeune Boucher fut retiré de pension ; il avait quatorze ans et demi ; ses études étaient terminées, études bien incomplètes assurément puisqu'il était à peine en quatrième. Avec le peu de dispositions qu'il avait et le découragement qui s'était emparé de lui, on peut juger de l'état de son instruction ; sa précocité n'était point celle d'un Pic de la Mirandole.

« Je suis loin de croire que Dieu m'ait accordé le génie, a-t-il écrit ; je sens que je n'ai qu'une intelligence ordinaire, mais le peu que j'en ai était prêt à m'échapper ; et si le régime inintelligent auquel j'étais soumis eût duré deux ans encore, si je n'eusse pas été arraché à temps à l'éteignoir de plomb sous

lequel j'étouffais, si, à seize ans, on ne m'avait
pas jeté au grand air et à la liberté, si, enfin,
ma croissance physique s'était achevée sous
cet affaissement moral, probablement je serais
demeuré toute ma vie ce pauvre être courbé
sous le préjugé de sa propre incapacité devenue ainsi incurable. »

Le père du jeune Boucher, croyant que son
fils n'arriverait jamais à de hautes destinées,
résolut de le faire entrer dans les douanes,
mais il semblait incapable de remplir aucun
poste ; écoutons-le encore à ce sujet : « Rien
n'annonçait que je serais jamais propre ni à
cette fonction ni à aucune autre. Cependant,
nommé commis de mon père, il fallait bien
gagner mes appointements. Comment ? ce
n'était pas la question la plus facile à résou-
dre, car ma besogne était encore à déterminer.
Je ne remplaçais personne. La place de directeur des côtes de la Somme et de la Seine-
Inférieure avait été inventée pour mon père ;
celle de son secrétaire particulier le fut pour
moi. »

Nommé surnuméraire le 25 juin 1802, alors
qu'il était encore en pension, le jeune Boucher

était, dix-huit mois plus tard, commis de son père, aux appointements de douze cents francs. En 1805, il quittait Abbeville et s'installait à Marseille le 25 avril, en qualité d'attaché au directeur des douanes de cette ville. Six années de sa vie allaient s'écouler en Italie, où il devait conquérir ses premiers galons. Dans son brillant vagabondage, il sut sortir sain de corps et le cœur pur de ces cités pleines de vices, telles que Marseille, Gênes, Florence, Venise, Rome, Naples enfin, et il rentra dans la maison paternelle comme il en était sorti.

A Livourne, où il était vérificateur, il connut le prince Bacciochi, amateur zélé de violon, et un Génois nommé Paganini, qui jouait de la guitare et faisait le premier violon dans les quatuors. Voici la plaisante explication que Boucher de Perthes a donnée de sa sympathie pour Paganini, qu'il appelait une altesse dans son genre. « Savez-vous pourquoi ce garçon-là m'a plu tout d'abord ? Est-ce par son violon, sa guitare, son esprit, son originalité ? — Non, c'est par sa maigreur. En le voyant si admirablement étique, son aspect

me consolait, et quand je l'avais bien considéré, je me trouvais presque gras. Aussi
quand il joue et tire de son instrument cet
immense volume de son, je suis à me demander si c'est lui ou son violon qui résonne. Je
croirais assez que c'est lui ; certainement il
est le plus sec des deux, et ma peur, quand il
s'approche du feu, est de le voir voler en
éclats, car alors ses membres craquent. » C'est
pour ce motif que Boucher de Perthes recom-
mandait de tenir toujours un seau d'eau à
portée de Paganini.

Lorsque Paganini vint en France pour la
première fois, il y était tout à fait inconnu,
quoiqu'il fût admiré depuis fort longtemps
dans son pays; on fit courir sur lui les bruits
les plus étranges, a raconté Boucher de Perthes; on disait qu'il avait été emprisonné
pendant vingt ans pour avoir assassiné sa
femme et que c'était dans son cachot qu'il
avait acquis son merveilleux talent. Or, Paganini n'avait jamais été marié ; aussi Paër, le
spirituel maëstro, devant qui l'on faisait ce
conte, s'écriait : « Oui, le malheureux, il a tué
sa femme, et, après l'avoir égorgée, il lui a

ouvert le ventre et a pris ses entrailles pour en faire des cordes à son violon. Ne vous en êtes-vous pas aperçu aux sons qu'il en tire ? »

Dans les premiers jours de l'année 1811, notre jeune douanier quittait l'Italie avec le titre de sous-inspecteur, pour rentrer en France ; mais, avant son retour, il dut remplir une mission secrète par ordre du Chef de l'état, qui voulait connaître l'effet moral du blocus continental à l'étranger. C'est à cette mission qu'il dut de visiter la Dalmatie, la Hongrie, l'Autriche et l'Allemagne.

Nommé sous-inspecteur à Boulogne-sur-Mer, Boucher de Perthes sauva dans cette ville, au risque de sa vie, l'une des illustrations militaires du premier empire, le brave général Marion ; voici comment notre sauveteur a rapporté son acte de courage : « Il y a ici, parmi les généraux, un vaillant et digne homme qui fait la joie de la ville et de l'armée. Sa conversation est un tissu de liaisons fabuleuses, de cuirs inimaginables. Il a, pour aide-de-camp, un brave garçon qui est à peu près de sa force sur le français, et qui, à chaque naïveté qui échappe à son général, répète inva-

riablement : *C'est z'extrêmement z'heureux,*
mon général. Un jour, je me baignais à la mer
en leur compagnie. Le général, qui ne savait
pas nager, s'étant avancé un peu loin, perdit
pied et fut culbuté par la vague. Le digne
homme était perdu, si je ne l'avais pas aperçu.
D'un plongeon, je le rattrapai, et, en quelques brasses, je l'avais remis sur ses jambes.
Son aide-de-camp, alors à terre, et qui
n'avait pas vu le danger, considérait en riant
la figure du général, dont les cheveux assez
rares étaient collés sur les oreilles. — Ah !
mon général, lui criait-il, vous avez l'air d'un
singe. — Comment d'un singe? — Je veux
dire d'un singe de mer, ajouta l'aide-de-
camp. »

De Boulogne, Boucher de Perthes passa au
bureau central à Paris, pour être ensuite
nommé inspecteur à la Ciotat, où il s'installait
au mois d'octobre 1815. Voici la description
humoristique qu'il a faite de sa nouvelle résidence : « La Ciotat est une ville qui passe pour
la plus grande d'un canton qui n'en a pas
d'autres. On assure qu'elle a été dépeuplée par
la Révolution. En effet, il y avait jadis cinq

mille dix âmes, et il n'y en a plus aujourd'hui que quatre mille neuf cent quatre-vingt-dix-sept en me comptant. La suppression des ordres religieux, l'établissement d'une commission sanitaire et l'arrivée de trois médecins sont, disent le maire et son adjoint, les causes de cette dépopulation. »

« La Ciotat, ma résidence présente, écrivait-il encore, est la très illustre capitale de la commune du même nom. Les habitants, par amour pour l'agriculture,... mettent une bonne épaisseur de paille dans toutes les rues, et l'y laissent jusqu'à ce qu'elle soit devenue fumier. Alors ils en ôtent la moitié, laissant l'autre pour donner l'exemple à la paille nouvelle et l'inviter à pourrir. C'est parfaitement imaginé pour avoir de bons légumes dans son jardin, mais c'est assez peu commode pour le piéton. Ce l'est d'autant moins que les cochons étant spécialement chargés d'améliorer l'engrais, ont la libre circulation des rues, ce à quoi il n'y aurait rien à dire s'ils voulaient y tolérer celle des hommes ; mais ces dignes compagnons de saint Antoine s'imaginant voir, quand on s'aventure à mettre le pied dehors, un empiètement sur leurs droits, vous font parfois un fort mauvais parti. Il faut bien l'avouer, ce sont ici les pourceaux qui gouvernent. A cela près, la Ciotat a son agrément. On y parle provençal à ravir, et l'on y boit du vin si bien corsé qu'on le prendrait pour de la moutarde. »

Six mois après son arrivée à la Ciotat, notre jeune inspecteur passait en la même qualité à Morlaix, où il n'arrivait que le 11 juillet 1816. Un mois plus tard, il écrivait à l'un de ses amis : « Je crois que je ne m'accoutumerai jamais à ce pays ; il y pleut sans cesse ; tout y est noir jusqu'à l'arc-en-ciel. J'étais acclimaté au soleil, voire même au mistral ; je ne puis me faire à cet air qu'il faut mâcher... Quant aux usages, je ne m'y fais pas davantage. On se croirait au treizième siècle : costumes, mœurs, manières, tout prête à cette illusion.... En attendant que j'en meure, ma récréation est la musique. » — Le séjour de Morlaix en particulier et celui de la Bretagne en général ne lui plaisaient qu'à demi. C'est qu'en effet le contraste était bien grand entre la chaude température du Midi, son ciel bleu et l'air embaumé des orangers, et le climat humide, le ciel brumeux de la Basse-Bretagne, qu'il appelait spirituellement « l'Élysée des gouttières. »

Quelques semaines plus tard, il faisait part en ces termes, à l'un de ses amis, de l'ennui qui l'avait saisi en arrivant en Bretagne. « Ce qui m'y a frappé tout d'abord c'est un parfum de moyen âge, une odeur de treizième siècle, parfum un peu moisi, un peu cadavéreux... A l'air grave des hommes, des femmes et des enfants, on croirait que personne ne doit rire ici. Ce n'est pas qu'on n'y danse beaucoup et qu'on n'y boive plus encore, si j'en juge à la prodigieuse quantité d'ivrognes qui jonchent les rues les dimanches et fêtes commandées. » Dans une autre lettre au même, il écrivait : « Par un phénomène presque inédit, nous avons eu huit jours de soleil. Le peuple, ébahi de ne plus voir couler la gouttière s'est imaginé que le ciel, devenu sec comme de l'amadou, avait épuisé ses réservoirs, et que le vieux sol armoricain allait s'envoler en tourbillons de poussière. Aussi tout le monde s'est mis à cabaler contre le beau temps ; mais cela

n'y faisait rien, et huit autres jours s'écou-
lèrent sans pluie. Alors *aux grands maux les
grands remèdes ;* nous avons fait une pro-
cession et nous avons obtenu le déluge. »

A Morlaix, Boucher de Perthes avait gagné
la confiance de son supérieur, le directeur de
Brest. Au mois de juin 1823, M. de Saint-
Cricq, directeur général des douanes, fit une
tournée en Bretagne ; Boucher de Perthes
l'accompagna dans l'étendue de son inspection, et il reçut les félicitations de son chef sur
la bonne tenue de sa division ; il reçut également la promesse d'être pourvu à une direction
dans un avenir assez rapproché. Il avait en
effet obtenu les meilleures notes de ses chefs,
ainsi qu'en fait foi le passage suivant d'une
lettre du directeur général au ministre : « Cet
inspecteur se recommande par la politesse de
son ton et de ses manières, autant que par son
esprit, ses connaissances acquises, ses senti-
ments d'honneur et son attachement à ses
devoirs. » Aussi, à trois reprises, en 1821,
en 1822 et en 1823, on lui offrit une direction,
entre autres celle de Saint-Malo ; mais il
refusa constamment ; il voulait obtenir la

direction d'Abbeville, et succéder à son père lorsque ce dernier jugerait à propos de demander sa mise à la retraite.

Quand, en 1824, il sollicita la succession de son père, il rencontra plus d'un obstacle. On lui fit des objections sur l'hérédité des places, quoique le gouvernement d'alors reposât sur le principe de l'hérédité. Bref, après plusieurs mois de démarches, il obtenait le poste qu'il ambitionnait tant. Une ordonnance royale du 31 mars 1825 le nommait à la direction d'Abbeville en remplacement de son père admis à la retraite.

Rentré dans sa ville natale vingt ans après l'avoir quittée, c'est là qu'il va demeurer désormais jusqu'à sa mort, qui arrivera quarante-trois ans plus tard ; sa vie va se passer entre l'étude et l'administration ; sauf quelques lointains voyages en Italie, en Russie, en Danemarck, en Orient, en Algérie, chacun de ses jours sera marqué aux mêmes heures par les mêmes occupations. Arrivé dans son bureau de directeur à l'heure réglementaire, il expédiait la besogne officielle et quittait ensuite la plume du douanier pour la plume du littérateur.

Dès 1834, Boucher de Perthes avait reçu de trois départements l'invitation de se mettre sur les rangs pour la députation; il refusa. Mais, en 1848, encouragé par ses concitoyens, il se porta candidat. Sa profession de foi eut un grand retentissement dans Abbeville et dans tout l'arrondissement; elle y éveilla de réelles et vives sympathies; le succès de son élection ne paraissait pas douteux, d'autant plus que les mêmes sympathies se produisirent dans l'arrondissement d'Amiens. Un revirement s'opéra parmi les électeurs; il fallait quatorze députés pour le département de la Somme, et le nom du directeur des douanes d'Abbeville occupait le seizième rang. C'est la seule fois qu'il ait brigué les suffrages de ses concitoyens. Aussi, l'année suivante, on lui offrit encore la candidature; il la refusa, mais ses opinions n'étaient pour rien dans son refus. « Je sais qu'on a dit tout dernièrement encore, répondit-il, que j'étais l'opposition incarnée, et que j'en avais fait sous tous les gouvernements. J'ai attaqué, en effet, sous tous les gouvernements, ce que j'y ai cru mauvais, et l'expérience a prouvé que je n'avais pas tout à fait tort ; mais, de loin en loin, quand j'y ai vu quelque chose de bon, je l'ai dit aussi, d'ailleurs m'en prenant aux choses et jamais aux hommes. »

Depuis plusieurs années, Boucher de Perthes avait dépassé l'âge de la retraite. Il désirait prendre du repos, mais il ne demandait pas encore son remplacement. Il apprit qu'on devait procéder à cette formalité, pour ainsi dire d'office ; aussi n'était-ce pas sans une certaine curiosité qu'il ouvrait les paquets contenant journellement son courrier. Au bout de six semaines (octobre 1852), il recevait l'ampliation du décret du Président de la République ordonnant sa mise à la retraite.

Boucher de Perthes n'avait pas été consulté à cet égard, ce qui lui fit penser que l'administration lui faisait une « niche en échange du *Petit Glossaire* qu'elle avait toujours sur le cœur, ainsi que de ses *non* électoraux ; » il crut qu'on avait été heureux de saisir « cette occasion de se débarrasser d'un censeur parfois incommode, » bien qu'à l'ampliation de ce décret l'administration eût ajoutée : « En vous transmettant, Monsieur, cette décision, je ne puis que vous exprimer les regrets que l'administration éprouve de se séparer de l'un de ses plus anciens employés supérieurs dont elle apprécie les honorables services. »

Les fonctions du directeur des douanes d'Abbeville cessaient le 1er janvier 1853. Entré en 1803 dans les douanes contre son gré, ainsi qu'il l'a dit lui-même, il en sortit en quelque sorte malgré lui, puisqu'on évita de le consulter; sa carrière administrative avait donc été d'un demi-siècle. Il avait passé par tous les degrés hiérarchiques et montré dans l'exercice de ses fonctions des qualités hors ligne, qui le conduisirent à un avancement rapide et justement mérité. Toutefois, il s'éleva à différentes reprises contre l'établissement des douanes, dont il demandait la suppression. « Je n'ai certainement pas à me plaindre, a-t-il dit, mon avancement administratif a été des plus rapides... Eh bien! ces fonctions, que je crois avoir partout remplies avec exactitude, m'ont toujours été pénibles, d'abord par instinct et par préjugé peut-être, et plus tard parce que notre système des douanes m'a paru contraire à l'intérêt des masses et aux progrès de la civilisation. »

Bref, en mettant Boucher de Perthes à la retraite, la direction d'Abbeville, qui comprenait trois départements, était supprimée et partagée entre la direction du Hâvre et celle de Boulogne. Cette grosse besogne embarrassait l'administration, qui n'osait demander le concours de l'ancien directeur, mais celui-ci prit les devants et s'offrit à se charger de la corvée; comme on le voit, sa rancune contre l'administration ne dura pas longtemps. « Je n'ai vu dans la manière dont on m'a mis à la retraite, disait-il, qu'un manque de convenance envers moi, et d'égards envers les départements de la Somme et de la Seine-Inférieure, qui tenaient à moi et à l'organisation existante. J'aurais voulu voir conserver la direction d'Abbeville, parce que je la croyais utile au pays, et que je l'avais déjà sauvée deux fois. Créée pour mon père, c'était lui et moi qui avions fondé ses entrepôts et tous ses grands établissements commerciaux : on tient à son œuvre. A cette condition de conservation, j'aurais à l'instant même résigné mes fonctions. Cette intention, je l'avais hautement manifestée. Si l'on ne pouvait pas conserver la place, j'aurais voulu qu'on m'en prévînt, et, ne me souciant pas d'aller ailleurs, j'aurais moi-même sollicité cette retraite. »

C'est de la manière suivante que l'ancien directeur des douanes d'Abbeville fit ses adieux à son uniforme, adieu qu'il est plaisant de connaître : « A bas donc mes broderies et mon beau chapeau à plumes ! Dormez en paix dans votre armoire jusqu'à ce que vous alliez parer quelque acteur de province qui jouera un rôle de préfet ou de commissaire général.

» Peut-être aussi deviendrez-vous la conquête d'un digne enfant de Jacob, acheteur de vieux galons, qui aura reconnu que vous êtes d'argent fin, que vous avez coûté deux cents écus à votre heureux propriétaire, et qu'en vous achetant cent francs comme défroque, il pourra aisément tirer de vous le double en bon métal, car les boutons en sont également, de même que les ganses et la dragonne. Oui! honnête Israélite, deux cents francs d'argent fin, je vous le promets, et vous aurez le drap en sus pour vous faire un gilet rond ou un caraco pour votre petit dernier : c'est une bonne affaire que je vous propose.

« Peut-être même pourrez-vous la faire meilleure encore. Qui sait si quelque nouveau promu, s'en engouant, ne profitera pas de l'occasion de s'habiller à deux cents pour cent d'économie ? L'habit est bon, quoiqu'il ne soit pas neuf ; c'est que je l'ai mis si peu qu'en vérité on croirait qu'il sort de l'atelier. Aussi je me souviens très bien de ses apparitions au grand jour. Il était fier, mon habit ; il ne se montrait guère que pour les altesses : encore exigeait-il qu'elles fussent royales,

« La première fois qu'il sortit de sa boîte, ce fut pour la duchesse de Berry, vers l'an 1826; la seconde, pour la duchesse d'Angoulême ; la troisième, pour le Dauphin ; la quatrième, en 1828, pour le Roi Charles X; et encore en 1829 et 1830, pour ces bonnes duchesses.

« Grâce à lui, car c'était toujours lui qu'on invitait, nous avons eu l'honneur de déjeuner, dîner, souper avec ces grandeurs.

« Après 1830, vous, mon bel habit, n'avez plus vu le jour qu'en 1833 ou 1834 pour le

nouveau Roi, et chaque année, jusqu'à 1848,
vous l'avez revu pour lui, et ce sont là vos
jours de gloire,

« Depuis ce moment jusqu'aujourd'hui 12
novembre 1852, vous ne vous êtes montré à
personne, et vous ne ferez plus la joie et
l'admiration que du fripier et de ses clients.
Adieu donc, mon bel habit ! Que Dieu vous
conserve et vous garde des mites et des
taches ! »

Il y avait plus de vingt ans que Boucher
de Perthes désirait voir arriver le jour de sa
retraite, mais, tel est l'effet de l'habitude,
qu'il n'éprouva pas tout d'abord la joie de
l'indépendance pendant si longtemps rêvée par
lui. « Quoi ! se disait-il auparavant, je puis,
avant de mourir, goûter de la liberté, tous
les jours avoir congé, sortir et rentrer, veiller
ou dormir à mon heure, recevoir qui m'agrée,
fermer ma porte à qui m'ennuie, penser,
parler, écrire comme il me plaît sans qu'on
vienne me fermer la bouche ou briser ma
plume ! »

Vingt ans plus tôt, il ne voyait « de félicité
qu'à Paris. Ce n'était pas au bonheur matériel

que j'aspirais, disait-il, c'était à celui de
l'étude, c'était à la compagnie des gens de
lettres. J'étais jeune, je rêvais la gloire, je
n'avais rien fait pour elle, et pourtant je
croyais me rendre célèbre. Aujourd'hui, j'ai
beaucoup fait, et je ne le suis pas, et ne le
serai jamais.

« Mon titre d'homme de lettres n'a pas été
utile à ma fortune, et pas davantage à mon
repos : dans ma carrière administrative, il a
été la cause de tous les ennuis que j'ai éprou-
vés, non que je n'aie eu les avancements
auxquels j'avais droit, mais je les ai obtenus
quand même, et parce qu'on ne pouvait pas
me les refuser. »

Si Boucher de Perthes regrettait peu de se
séparer de l'administration, par contre, il
regrettait fort de quitter ses employés su-
balternes, qui l'aimaient tous. « Presque tous,
écrit-il, ont été placés par moi ou par mon
père. Lui, comme moi, les avons défendus
en toute circonstance, réalisant ainsi ces
paroles de Voltaire, qui disait aux douaniers
visitant sa voiture : « Mes amis, aimez-
« vous bien les uns les autres. — Pourquoi?

« lui demanda l'un d'eux. — Parce que l'on
« ne vous aime guère. »

Boucher de Perthes combattait parfois l'esprit
d'une loi, mais il la faisait respecter dès qu'elle
était promulguée. Inattaquable sous le rapport
de son service, il était regardé par ses chefs
comme un bon administrateur, mais comme un
mauvais théoricien. Ses velléités d'indépendance n'étaient ni de l'insubordination ni le
désir de se soustraire à l'autorité de ses
supérieurs : c'était le cri d'un cœur convaincu,
d'une conscience qui protestait contre ce qui
lui paraissait mauvais ou contraire au bien
public. Plus d'une fois, ils ont applaudi à cette
opposition d'ailleurs toujours courtoise, et ont
fini par s'y rendre, d'autant plus qu'au fond ses
théories ne blessaient ni la morale ni le droit
commun. Aussi, il fut aimé de ses chefs, de
MM. Collin de Sussy, Ferrier, de Villeneuve-
Bargemont, de Castelbajac, Hains, etc., etc.

De très bonne heure, Boucher de Perthes
prit l'habitude de se baigner presque tous les
jours et en toute saison. Après sa rentrée à
Abbeville, ses bains devinrent plus réguliers.
Quand l'eau de la Somme était gelée, il faisait

briser la glace ; il lui arriva de se baigner alors que le thermomètre était descendu à dix-sept degrés centigrades au-dessous de zéro. — Dans les différents voyages qu'il fit, il ne manquait jamais de prendre son bain partout où il y avait de l'eau : dans la mer, dans les fleuves, dans les rivières ou dans les lacs. Prenant un bain froid tous les jours, il le prenait à peu près dans tous les états de santé : lorsqu'il était enrhumé, qu'il avait la fièvre, la courbature, des douleurs rhumatismales, etc. Jamais son mal n'empira, mais, au contraire, se trouva souvent adouci. Il eut plusieurs fois l'occasion de constater que l'effroi causé par l'ablution d'eau glacée est basé bien plus sur l'imagination que sur la réalité, puisqu'en effet la différence de la température de l'air avec celle de l'eau est moins grande en hiver qu'en été. Il conserva l'habitude de se baigner tous les jours jusqu'à la fin de l'été de 1864 ; il avait alors atteint sa soixante-seizième année. Doué d'une constitution robuste, il attribuait la conservation de sa santé autant à sa sobriété qu'à son bain quotidien.

En se baignant dans la Somme, il lui arriva plusieurs aventures, dont l'une d'elles faillit lui devenir fatale. Le père du sculpteur abbevillois Nadaud, celui-là même qui exécuta plus tard le monument de Boucher de Perthes, son père, disons-nous, chassait le gibier un jour d'hiver. Il côtoyait la Somme, lorsqu'il aperçut dans le courant un objet qu'il prit pour un canard sauvage. Il allait tirer, mais quoiqu'il fût à petite portée, il crut, en avançant encore, être plus sûr de son coup. Se glissant le long de la rive, et parvenu à moins de vingt pas, ajustant à nouveau, il avait le doigt sur la détente et le coup allait partir, quand, tout nageant, Boucher de Perthes, qui ne se doutait de rien, sortit un bras hors de l'eau. Alors, reconnaissant un homme, notre chasseur fut frappé d'une telle stupeur que son fusil lui tomba des mains, et il manqua de s'évanouir. Depuis ce temps, jamais Nadaud père ne put entendre prononcer le nom de celui qu'il avait failli tuer sans être en proie à la plus grande émotion.

En 1868, Boucher de Perthes publiait le huitième volume de ses *Souvenirs*, terminé

l'année précédente; il mettait la dernière main
à deux autres volumes qu'il voulait faire
imprimer simultanément, et rassemblait les
matériaux d'une édition complète de ses
œuvres, lorsque la mort vint le surprendre.
Depuis six mois, cette robuste organisation
s'affaissait, le corps se démolissait, mais
l'âme avait conservé toute son énergie, l'intelligence toute sa lucidité. Son activité
semblait redoubler à mesure qu'il se sentait
approcher du terme fatal.

C'est le dimanche matin 2 août 1868 que
Boucher de Perthes s'éteignit sans secousse,
à la suite de quelques faiblesses ; il était bien
prêt d'accomplir sa quatre-vingtième année.
Son inhumation eut lieu à Abbeville le mardi
4 août au milieu d'un concours immense de
population, qui avait tenu à honneur d'ac-
compagner jusqu'à sa dernière demeure
l'homme bon et généreux dont les services
rendus étaient si nombreux et si divers.

Par son testament, il avait laissé une somme
de dix mille francs pour qu'on lui élevât un
monument simple mais durable; l'exécution
en fut confiée à un sculpteur abbevillois.

L'inauguration officielle et solennelle de ce monument eut lieu le lundi 14 mars 1870 en présence d'une nombreuse assistance.

Sur un grand tombeau de marbre noir, placé à un point central du cimetière, se voit la statue en bronze de l'illustre Abbevillois, statue très ressemblante et plus grande que nature. Boucher de Perthes est couché sur son dernier lit de repos ; la mort, en passant, lui fait renverser la tête sur son coussin, et sa main droite laisse échapper la plume qu'elle tenait sur des feuillets épars dont l'un porte pour titre : *Sous dix Rois*, et l'autre : *Antiquités celtiques et antédiluviennes*.

Sur l'une des faces de ce monument, on lit les titres du célèbre Abbevillois, les noms des villes où des prix d'encouragements ont été fondés par lui et la liste de ses principaux ouvrages.

Boucher de Perthes, qui resta célibataire, était d'une haute taille, d'une physionomie avenante, et on peut juger par son premier portrait qu'il dût briller dans le monde, où il fut très répandu dans la plus grande partie de son existence, et où il avait dû avoir du succès.

Il en avait conservé un grand soin de sa personne, sauf peut-être pendant les dernières années de sa vie, alors qu'il était accablé par la goutte. Il n'avait pas la raideur qu'on aurait pu lui supposer d'après ses titres de noblesse, mais, au contraire, un abord assez facile, une politesse non apprêtée, empreinte de bienveillance, parfois même de bonhomie. Bien qu'il n'eût pas l'élocution aussi facile qu'on pourrait le croire à la lecture de ses nombreux écrits, il causait très volontiers ; sa conversation était très attachante, variée ; il avait vu beaucoup, il savait beaucoup et il racontait avec charme.

Boucher de Perthes, et c'est là un des traits qu'il faut conserver à sa brillante personnalité, était toujours bienveillant ; il pouvait s'attaquer aux idées, jamais aux personnes ; s'il critiquait parfois, ses critiques n'avaient rien d'acerbe, ses appréciations étaient presque toujours modérées. Il fut pendant toute sa vie profondément libéral, véritablement philanthrope ; ses fondations en sont une preuve. Jamais il n'aurait rebuté par un mauvais accueil l'ouvrier qui s'adressait à lui soit pour une misère cachée soit pour lui montrer une curiosité plus ou moins authentique ; il était compatissant pour l'un et savait encourager l'autre, quelque insignifiante que fût sa prétendue trouvaille.

Boucher de Perthes était également porté par sa nature bienveillante à encourager et à aider de ses conseils, de ses démarches et de sa bourse tous ceux en qui il reconnaissait du bon vouloir et des aptitudes. Quoi que n'ayant pas le sentiment artistique autrement développé, il a été le protecteur de bien des jeunes artistes abbevillois, tels que les graveurs Bridoux, Rousseaux, Lestudier-Lacour, les sculpteurs Lévêque, Nadaud, le chanteur Barbet, le jeune Racine Josse, enlevé si prématurément aux arts, dans lesquels il se serait fait un nom. Citons encore l'inventeur Frédéric Sauvage, qui fut constamment soutenu et encouragé par lui, mais à qui justice n'a été réellement rendue qu'après sa mort.

Il fallait voir Boucher de Perthes dans son cabinet, si petit pour un si vaste hôtel, situé à l'extrémité de l'aile droite, cabinet que, par un soin pieux, on a conservé dans le même état, encombré par des bahuts et des curiosités de toute nature. Il passait là, surtout dans les dernières années de sa vie, la plus grande partie de son temps, assis dans un grand fauteuil, toujours la plume à la main, jusqu'à son dernier jour, corrigeant des épreuves, compulsant sa nombreuse correspondance, y répondant toujours avec cette affabilité et cette lucidité extraordinaires que l'âge et les infirmités n'avaient pas affaiblies.

Boucher de Perthes accueillait ses visiteurs, quels qu'ils fussent, avec la même affabilité, avec la même simplicité de manières, heureux de parler de ses plus récentes découvertes, ne se posant pas comme un savant, mais comme un chercheur, que l'imagination pouvait quelquefois emporter, mais qui n'en a pas moins, par sa persévérance et ses déductions, créé une science nouvelle qui depuis a tant progressé sous son initiative si remarquable. Il avait toujours un mot aimable pour tous, et, bien qu'amené à parler souvent de lui, il ne vous accablait pas de sa personnalité. Tel était l'homme sympathique dont chacun de ses visiteurs emportait toujours un excellent

souvenir, rendu souvent plus durable par le
don gracieux d'un de ses ouvrages avec un
mot de l'auteur.

Il est rare de voir une existence aussi
remplie et aussi utile que l'a été celle de
Boucher de Perthes. Il dépensa toute sa vie
dans une activité réellement remarquable sur
tous les points ; aussi ses nombreux ouvrages
en tous genres, ses fondations philanthropiques lui ont acquis une large place parmi
ceux qui ont tracé un profond sillon dans le
champ des lumières et du progrès.

Boucher de Perthes était resté fidèle à tous
les grands principes ; il n'a pas trahi une seule
amitié ; ce n'est point lui qui aurait remplacé
par une satire le cantique de la veille. On ne
l'a pas vu dans les antichambres se confondre
obscurément, dans son habit brodé, avec les
prêteurs de serments. Employé supérieur dans
une grande administration, il a tempéré une
autorité sans contrôle ; il s'est refusé à des
rigueurs injustes. Pas un de ses chefs n'a osé
lui demander la destitution d'un honnête
employé, pas un n'eût songé à lui proposer le
service d'un malhonnête homme. Dans toutes

les occasions difficiles, il s'est montré brave, hardi et calme. En 1848, il offrait sa maison à ces princes qui s'en allaient. Un an après, il l'offrait à M. de Lamartine. Il a destitué un brigadier qui s'était refusé au transport d'un cholérique. Il a donné l'exemple énergique du courage civil et de l'abnégation de toutes choses à ces concitoyens ingrats qui lui ont refusé leurs voix dans une circonstance importante ; il leur a pardonné tout de suite et s'est guéri de toute espèce d'ambition.

II

L'œuvre littéraire de Boucher de Perthes est très importante ; les ouvrages qu'il a publiés, au nombre de quarante-huit, forment un ensemble de soixante-dix volumes ou brochures. Il traita avec une heureuse flexibilité les sujets les plus divers. Au talent d'archéologue, il joignait ceux du géologue, de l'économiste, du moraliste et du poète. Il a publié des ouvrages d'économie politique, des tragédies, des comédies, des contes fantastiques, des nouvelles, des romances, des ballades, des satires, des voyages, des mémoires, etc., qui font de lui un polygraphe dans toute l'acception du mot. Mais, quand on traite tant de sujets et qu'on n'a point le génie de Voltaire, on court le risque de n'être pas lu de tout le monde, et, il faut bien l'avouer, c'est

un peu le sort des ouvrages de Boucher de
Perthes. Publiés tous à Abbeville et placés en
dépôt à Paris dans les librairies affectées aux
livres de province, ces ouvrages seraient passés à peu près inaperçus si l'auteur n'avait
pris le soin d'en envoyer lui-même à ses nombreux amis de France et de l'étranger.

« Je ne me donnerai pas pour exemple
comme littérateur, écrivait-il, et je sais bien
que, dans mes nombreux ouvrages, il est peu
de pages qui passeront à la postérité, mais il
y en aura pourtant, et ceci je l'attribue moins
à une faculté innée qu'à la persévérance de
ma volonté. » Il écrivait encore : « S'il reste
quelque chose de mes volumes, qu'on a si
dédaignés de mon vivant, si un jour on les
lit, et si l'on n'y veut voir, comme on l'a fait
jusqu'à présent, que rêves, qu'utopies, du
moins on ne les taxera pas de corrupteurs,
car ils n'ont jamais caressé le vice ni flatté
personne, pas plus les petits que les grands ; et
si, dans tout ce cliquetis de mots, il se trouve
quelque vérité utile, je n'aurai pas perdu ma
journée : j'aurai planté mon épi de bon grain,
qui en fera naître d'autres. »

Dans l'œuvre littéraire de Boucher de Perthes, il y a deux hommes entièrement différents ; l'un, fin observateur, conteur aimable,
économiste aux vues justes et souvent profondes ; l'autre, fantasque, inquiet du mys-
tère et de l'inconnu, tantôt sceptique, tantôt
croyant, donnant libre carrière aux caprices
les plus désordonnés de son imagination et
finissant par les accepter comme des réa-
lités.

Boucher de Perthes n'avait reçu qu'une
instruction primaire bien incomplète ; ses brillantes facultés se développèrent au frottement
du monde ; il restera le modèle de ce que peut
une intelligence d'élite lorsqu'elle est puis-
samment aidée par la volonté, par la persévérance. Chacun de ses écrits est marqué au
coin de son originalité, parce qu'il s'est formé
lui-même, qu'il ne ressemble à personne et
qu'il a toujours dédaigné de suivre les sentiers
battus.

Poussé par la noble ambition de se faire un
nom, Boucher de Perthes fut longtemps à
trouver sa voie. La comédie l'attira de bonne
heure ; il fit quelques essais qu'il détruisit en-

suite parce qu'il y trouvait toujours à retoucher. Il était en Italie et n'avait pas dix-huit ans qu'il composait une pièce de vers en italien ; par suite de l'habitude qu'il avait d'écrire et de penser en italien, c'était en cette langue qu'il devait écrire ses scènes pour les traduire ensuite en français, et il ignorait à cette époque qu'il y eût une *grammaire française*!...
A peine âgé de vingt ans, il entreprit une pièce en quatre actes et en vers intitulée : *le Déguisement* ; quoique sans guide, sans expérience et bien ignorant pour entreprendre cette tâche, il ne se rebuta point. Nous ne parlerons pas des productions littéraires de Boucher de Perthes pendant son séjour en Italie, parce qu'elles ne virent jamais le jour et qu'il les détruisit lui-même en 1832.

En 1820, il fit représenter *le Mystérieux*, comédie en un acte et en prose, au théâtre de la Porte Saint-Martin ; elle fut sifflée et tomba à la première représentation. C'est cette même année qu'il publia sa première comédie, *la Marquise de Montalle*, qui ne fut jamais représentée, parce qu'elle n'a point été acceptée par le théâtre ou parce que la censure se

4

montra trop exigeante. Quoi qu'il en soit,
quelques détails de cette pièce sont comiques;
le style est parfois aventuré, mais il ne manque
point de chaleur; les caractères, mal conçus
dans le principe, sont bien soutenus dans les
développements.

En 1829, il faisait paraître ses *Romances,
Ballades et Légendes,* série de petits poèmes
empreints de cette couleur un peu vague qui
prouve que l'auteur savait manier avec un
égal succès et la lyre de la vieille école et la
harpe de l'école moderne. Tour à tour tendre,
terrible, simple, passionnée, sa muse se prê-
tait avec une égale souplesse au sujet qu'elle
voulait traiter; toujours heureuse, toujours
maîtresse du terrain qu'elle parcourait, elle
s'emparait du moindre objet, que tout autre
aurait jugé indigne de son attention, et ne le
quittait qu'après l'avoir décrit avec un charme
inexprimable; quelques-unes de ces romances, touchantes histoires de cœur, ont fait les
délices des salons; elles se retrouvaient chaque jour sur plus d'un pupître et étaient étu-
diées par de jolies virtuoses.

L'année suivante paraissaient les *Chants*

armoricains, dans lesquels l'auteur retraçait des souvenirs énergiques et parfois touchants des anciens habitants d'une province dont l'esprit belliqueux s'est soutenu jusqu'à nos jours et qui a fourni à la France tant de bons officiers et de marins intrépides. — C'est la même année que parut l'*Opinion de M. Cristophe*, l'un des premiers manifestes publié chez nous contre le système prohibitif. Depuis les écrits de Paul-Louis Courrier, rien d'aussi clair sur des matières aussi obscures, d'aussi léger sur des raisonnements aussi profonds n'avait été écrit dans notre pays ; c'était de l'économie politique et commerciale mise à la portée de tout le monde. Ce livre, qui fourmille de traits piquants, de plaisanteries fines et de rapprochements inattendus, est un de ceux qu'on ne quitte pas volontiers, qu'on relit plusieurs fois.

En 1832, Boucher de Perthes faisait paraître un volume de *Nouvelles ;* l'année suivante, il publiait des *Satires, Contes et Chansonnettes*. En 1835 paraissait son *Petit Glossaire*, dans lequel il attaquait avec une malice satirique les hauts fonctionnaires de l'admi-

nistration; mais le tableau de la société tout
entière lui en a fourni le sujet; il a suivi
cette mine féconde dans ses filons les plus
cachés, et, le rire sur les lèvres, il a stigmatisé
les hommes et les choses ; rien n'a échappé à
sa mordante épigramme. S'il entrait dans le
palais des grands ou dans la chaumière du
pauvre, s'il montait en voiture pour aller à
l'Opéra, s'il était placé sur la borne, il cro-
quait en passant la pochade d'un commis,
d'un musicien ambulant, d'un sergent de ville
ou d'un garde national, et tout devenait sous
sa plume un sujet de réflexions légères ou philosophiques. Quand ce livre parut, les petits
journaux s'en emparèrent; ils en reproduisi-
rent une foule d'articles, sans citer l'auteur,
qui ne réclama jamais, et chacun se disait en
les lisant : on a vraiment bien de l'esprit en
France.

Ouvrons ce livre au mot *Imbécile*; on y
lit : « On demande s'il vaut mieux être admi-
ministré par des imbéciles que par des fripons?
Par des fripons, sans contredit, et je vais vous
le prouver. » L'auteur, après avoir donné ses
raisons, ajoute à la fin de l'article : *Imbécile,*

voyez : *Conseil municipal ;* en se reportant à cet article, on lit : « *Conseil municipal.* Réunion de citadins ou de compagnards qui, patriotiquement, en conscience et pour le mieux, font pendant six ans, à leur ville, à leur bourg, à leur village tout le mal qu'ils peuvent, et qui, ce terme expiré, recommencent s'ils sont réélus, ou vont se reposer s'ils ne le sont pas, en s'intitulant le reste de leur vie : ancien membre du conseil municipal. »

En 1845 paraissait un ouvrage en cinq volumes, portant pour titre, *De la Création,* genèse bizarre où l'on rencontre quelques pages fortes et brillantes ; c'est une promenade vertigineuse à travers le chaos, dans laquelle on entend fermenter tous les germes de la création. Dans cet ouvrage, l'auteur s'est étendu avec prédilection sur les animaux, sur leurs voyages, sur leurs arts, sur leur esprit de calcul ; il leur accordait des facultés morales, parlait de l'amitié des bêtes, de leur esprit d'ordre et de propriété, de leur paternité, de leur amitié, enfin de leurs vices et de leurs vertus, et tendait à leur accorder une âme.

Les *Petites Solutions de grands mots*, ouvrage faisant suite au *Glossaire*, étaient tout à fait d'actualité lorsqu'elles parurent en 1848. L'auteur trouvait peu de choses de son goût ; la société lui paraissait horriblement laide, les hommes du jour, bien inconséquents. Il n'avait pas toujours tort, mais, lors même qu'il avait raison, on voit avec regret qu'il exagérait : c'était souvent de la satire plutôt que de la critique. Les réformes qu'il proposait aux vices et aux abus n'étaient pas toutes praticables ; toutefois, il y a dans cette spirituelle boutade de bonnes vérités exprimées avec une verve fort remarquable.

Dans *Hommes et Choses*, quatre volumes parus en 1851, l'auteur s'est attaqué avec une grande finesse de remarque aux travers qui caractérisaient son époque. Les hommes et les choses y sont passés en revue avec une exactitude de touche et une justesse de détails qui captivent l'attention et disposent l'esprit à la conviction. Rempli d'à-propos, varié, amusant, ce livre est semé d'anecdotes et d'historiettes intéressantes ; ouvrons-le au mot *Bêtise :* « Un bon gros châtelain bas-nor-

mand complimentait M. de B***, l'historien,
son ancien camarade, qu'il avait surpris dans
son cabinet entouré de manuscrits et de notes:
« Tu griffonnes donc toujours, lui disait-il;
» va, tu fais bien, il faut se distraire, et si
» j'avais plus de temps, je ferais comme toi. »
Au mot *Faute d'impression*, on lit : « Mon
imprimeur, M. B***, était notable d'une bonne
ville du Midi. Homme vertueux s'il en fut,
bien avec le bon Dieu, bien avec l'autorité,
bien avec le public, bien enfin avec tout le
monde, le malheur voulut qu'un jour, dans
une composition théologique, ayant à imprimer : *une des faces du créateur*, il met: une
des *farces* du créateur. Le voilà réputé impie,
et il perd la clientèle du clergé. Quelques jours
après ayant à dire : *l'inertie du maire et du
conseil municipal*, il met l'*ineptie* du maire et
du conseil municipal. » — A l'article *Vocabu-
laire*, on trouve une liste de mots suivis d'une
plaisante explication, tels sont : « *Puce*. La
puce est un animal qui aime l'ombre. Les
peuples qui vont nus n'ont pas de puces; il
est vrai qu'ils ont autre chose. Les nègres de
certaines parties de l'Afrique redoutent fort

de devenir les esclaves des blancs qui, disent-
ils, mangent les nègres, et qui ont chez eux
une petite bête qui mange les nègres et les
blancs. — *Normands et Picards*. Voici la
différence que M. P*** établissait entre eux :
quand le Normand sort de chez vous les mains
vides, il croit y avoir oublié quelque chose.
Quand le Picard n'y a rien demandé ou rien
obtenu, il croit que vous lui avez volé son
temps. — *Poésie*. La poésie n'est qu'un com-
bat contre la stérilité de la pensée ou la pauvreté de la langue. » Au mot *Tendresse pour
les bêtes*, on lit : « Un propriétaire me disait
qu'il vit un soir entrer chez lui, l'air effaré,
un fermier son voisin ; il venait lui demander
un peu de thé. « Avez-vous quelqu'un de ma-
» lade ? dit M. de V***. — Oui, monsieur. —
» Qui donc ? — Notre cochon. — Et le thé ?
» — C'est pour lui ; c'est que nous lui sommes
» fort attachés, ma femme et moi : il vaut
» soixante-quinze francs. »

Un article fort plaisant est celui que l'auteur a intitulé *Noms*. Bonaparte avait des
idées vastes, on ne peut le nier ; mais il en
avait aussi qui sentaient l'enfantillage ; voici

à cet égard un passage offrant un rapprochement de noms assez singulier : « On vit l'empereur nommer MM. *Bigot*, ministre des cultes ; *Gardanne*, gouverneur des pages ; *Lannes*, colonel-général des Grisons ; *Jambon*, préfet de Mayence ; *Cochon*, préfet des deux Nettres ; *Mouton*, chancelier de la Toison-d'Or ; *Réchaut*, premier maître d'hôtel, etc. »

L'année 1852 fut assez féconde en publications, puisque Boucher de Perthes fit paraître, un roman, *Emma*, deux volumes intitulés *Sujets dramatiques* et une comédie, *le grand Homme chez lui*.

C'est en 1855 qu'il publia le premier de ses nombreux voyages, son *Voyage à Constantinople*. Observateur judicieux, il enrichit son portefeuille de notes qu'il mit en ordre et qu'il livra ensuite à la publicité. Il a retracé dans des tableaux pittoresques et animés ses lointaines excursions ; ici, des récits plaisants ; là, de curieuses descriptions de monuments ; plus loin, de naïves et gracieuses peintures de mœurs, et plus loin encore de fines observations. A l'heure où les autres hommes ambi-

tionnent le repos, Boucher de Perthes, voyageur infatigable, partait dans des climats
lointains et en revenait chargé pour ainsi dire
des trésors qu'ils renferment. Une narration
facile, une observation vive et rapide, des
aperçus nouveaux, des réflexions originales et
embrassant presque toujours ce qui touche à
l'histoire, à la civilisation, aux mœurs des
contrées visitées, voilà les qualités qui distin-
guent les notes prises au jour le jour par
Boucher de Perthes. Il visita successivement
le Danemarck, la Suède, la Norwège, l'Espagne, l'Algérie, la Russie, l'Allemagne,
l'Italie, la Suisse ; il avait accompli sa soi-
xante-et-onzième année, lorsqu'il visita le
champ de bataille de Magenta. En 1860, il
traversait une nouvelle fois la Manche pour se
rendre en Angleterre, en Ecosse et en Irlande ;
c'est du reste le dernier voyage qu'il fit.
De très bonne heure, il fut possédé de l'a-
mour des voyages, mais, après son retour à
Abbeville, ses devoirs professionnels l'atta-
chaient à son service. Dès qu'eut sonné pour
lui l'heure de la retraite, il parcourut une
grande partie de l'Europe, quoique dans un

âge déjà avancé. On ferait un beau récit de ses nombreux voyages, tous remplis de bonne grâce et d'ironie, et de cette vérité charmante que pas un écrivain ne saurait contrefaire. On trouverait, dans ces pages très curieuses, telle anecdote écrite sans façon, qui mérite une vraie larme. Au sommet d'une diligence, à côté de lui, il y avait une pauvre mère dont l'enfant se mourait de froid et de choléra. Il prit l'enfant et le cacha dans son manteau, et le garda mort jusqu'au lendemain ; la mère s'était endormie, accablée de misère et de douleur.

A Boulogne, notre voyageur, assistant au débarquement de la reine d'Angleterre, apercevait que le pont volant du yacht royal arrivant au rivage se trouvait trop court, et qu'au moment de se donner la main, la reine Victoria et Napoléon III se virent séparés par un abîme. La moindre secousse pouvait envoyer à la mer et l'empereur et la reine. A quoi pourtant tiennent les pompes, les grandeurs et le repos des États? A une petite pierre, à une planche de six pouces trop courte, s'écriait philosophiquement notre voyageur ;

il avait noté un autre incident qui s'était
produit précédemment. Un gravier s'était in-
troduit dans la boîte d'une roue de la voiture
impériale, qui ne pouvait plus avancer... Et
la reine abordait au rivage ! Affreuse contra-
riété !

Dans ses livres de voyages, Boucher de
Perthes n'a point négligé d'enrichir ses récits,
presque toujours gais et légers, d'observations
morales et sérieuses que lui avaient sugvé-
rées les usages du pays traversés par lui
ou la vue des monuments élevés à la mémoire
des hommes de bien. Dans son *Voyage en
Espagne*, il a enlevé avec une franchise un
peu brutale le voile coloré de fantaisies à travers lequel le romantisme a fait entrevoir la
terre des orangers, des andalouses et des
fandangos, toutes choses qui ont passé comme
tant d'autres dont on a usé et abusé. Il a
donné essor à son esprit en critiquant les équi-
pages de Madrid, le vin, la chère, la manière
de vivre, les omnibus à se rompre les os, les
aubergistes voleurs, une malpropreté à faire
pâmer une anglaise...; les descriptions qu'il
a faites sont de véritables tableaux de maître.

Son *Voyage en Russie* est riche d'épisodes, de détails de mœurs, d'observations piquantes et souvent profondes, ce qui fit dire à un publiciste que Boucher de Perthes avait sur ses confrères un avantage inappréciable, c'est qu'il était vrai, et, qu'amusant conteur, il était aussi le meilleur juge.

Notre fécond écrivain faisait paraître en 1861 une série de portraits sous le titre *Les Masques*, portraits qui n'ont rien de commun avec les caractères de la Bruyère. C'était un des côtés saillants du talent d'écrire de Boucher de Perthes que de présenter des tableaux frappant d'originalité et de vérité. On voit qu'il avait froidement étudié les travers de son siècle, et que, s'il en faisait saisir les détails, il avait soin de ne jamais blesser le modèle dont il esquissait la silhouette. A chaque période, on voit le trait mordant attaquant l'abus mais sans emporter pièce, sans que l'original, qui s'y reconnaît, puisse en vouloir à l'auteur de l'avoir deviné et de l'avoir si bien mis en scène. A chaque page, sous un masque qui leur cache la figure, on reconnaît les plus chers amis de l'auteur comme ses plus grands ennemis; on

voit, de même que dans un miroir, leurs vices,
leurs défauts, leurs ridicules. Là, c'est le portrait de ce gros conseiller, qui se rengorge,
se croit beaucoup d'esprit et qui, en définitive,
ne sait que bien manger; plus loin, celui de
Mme Couperose, une femme sèche et pointue,
qui a une dent contre tout le monde; plus loin,
c'est la silhouette en carton de cet avocat qui
a si bonne langue qu'il parle toujours sans se
donner le temps de boire ni de manger. Voilà
bien ce libéral Francpicard, surnommé le
Démosthène de son arrondissement, aussi
libéral de discours et de félicitations que de
votes et de serments, et qui, l'un des premiers,
complimentait Louis XVIII à son débarquement, Charles X à son couronnement et
Louis-Philippe à son avénement; plus tard,
il a félicité Ledru-Rollin; plus tard encore,
il s'est prononcé pour Lamartine, et, après
avoir voté pour Cavaignac, il a crié : Vive
Napoléon ! Une foule d'autres masques font
rire le lecteur à cœur-joie, sans se douter
qu'il rit bien un peu de lui-même. Dans chaque
portrait, on retrouve une gaieté de bon aloi,
un rire bien franc, bien sincère qui se com-

munique au lecteur lui-même, obligé parfois d'accepter sa ressemblance et d'avouer que l'auteur a raison de lui crier ironiquement : « Je te connais, beau masque. »

L'année suivante, nouvel ouvrage, *Les Maussades*, volume renfermant près de cent cinquante romances ou chansons, dans lesquelles le sentiment, la réflexion profonde, le naturel y sont reproduits avec un art venant moins de l'étude que de l'instinct du cœur.

> Bien longtemps la chanson en France
> Fut le complément du festin ;
> Sans le refrain, sans la cadence,
> Pas de bon plat, pas de bon vin.
> Mais méchante elle est devenue ;
> Oui, mes amis,
> Je vous le dis :
> La chanson tue.

C'est de 1863 à 1868 que notre infatigable écrivain fit imprimer son plus volumineux ouvrage, *Sous dix Rois; souvenirs de 1791 à 1868;* 8 vol. in-12. Dans ce recueil de plus de quatorze cents lettres, qui sont toutes du plus haut intérêt, il a traité des sujets badins ou sérieux; c'est sa correspondance avec ses parents, avec ses amis, avec des hommes

illustres de la France et de l'étranger, avec
des hommes d'Etat, des savants, des écrivains,
etc.; pour cette publication, il redemanda ses
lettres à ses nombreux correspondants. On a
accusé Boucher de Perthes d'être entiché de
sa vieille noblesse, qu'on a aussi contestée;
on lui a également fait un reproche de ce qu'un
grand nombre de ses lettres ne portent pour
suscription qu'une initiale très souvent pré-
cédée de la noble particule ou d'un titre nobi-
liaire; à ces basses calomnies, on ne répond
point. S'il tenait à sa noblesse, et nous devons
l'en féliciter, il n'en écrivait pas moins sur
ceux de sa classe dans une lettre du 28 janvier 1832 : « La noblesse du Ponthieu a,
d'ailleurs, ceci de particulier et qui la dis-
tingue des autres noblesses, qu'elle s'estime
d'autant plus qu'elle est nouvelle; elle s'aime
dans sa primeur et sa fraîcheur native. Aussi,
le noble indigène qui jouit de cette inappréciable qualité, se considère comme le premier
noble du monde, et ne mettra sur la même
ligne que les gentilshommes de la banlieue.
Mais, hors de l'arrondissement, il ne voit que
noblesse douteuse et dont les titres, en raison

même de leur ancienneté, pourraient être contestés. Il ne saurait en être ainsi des siens. Comme ils remontent à cent cinquante ans au plus, et souvent à beaucoup moins, il peut, pièces en main, faire voir le mois, le jour et l'heure de son anoblissement, et, en montrant sur ses registres l'article de dépense constatée, l'achat de sa charge de secrétaire du roi ou d'officier des gardes-côtes, il sait répondre victorieusement au scepticisme du siècle et convaincre les plus incrédules. »

Si Boucher de Perthes avait vécu à l'époque où l'on faisait des recueils d'*ana*, on n'aurait pas manqué de réunir sous le titre *Perthiana* tous les bons mots, les saillies, les sentences, les maximes philosophiques dont sont parsemés ses ouvrages, notamment son livre intitulé : *Sous dix Rois*.

III

Jeté de bonne heure et sans boussole au milieu du monde, Boucher de Perthes ne tarda pas, par son puissant esprit d'observation, à reconnaître que la maladie des sociétés gît surtout dans l'antagonisme des différentes classes.

« Sûr du mal, a dit l'un de ses panégyristes, il s'est donné la mission d'en chercher le remède. Ce remède, il le soupçonne dans les problèmes économiques dont la solution doit un jour, selon lui, amener le rapprochement et même la fusion de tous les membres de l'humanité. Illusion d'une belle âme qui ne cessera pas, du reste, de poursuivre ce qu'elle désire ! Mais, ce remède, il commence à le saisir, quand il essaie, par la libéralité des classes privilégiées, d'attacher les classes malaisées, en parlant à leur sentiment, en poussant à leur bien-être par les progrès de l'instruction qui seule peut élever le niveau de leur condition morale, matérielle et sociale. Il résulte de là que les bienfaits de Boucher de Perthes envers les classes laborieuses n'ont pas moins leur source dans son expérience et dans sa logique, que dans sa générosité. »

Dans le cours de son existence, il est sans cesse préoccupé du soin de faire des heureux ; il veut composer son bonheur du bonheur des autres ; il souffre du malheur et de la misère des déshérités de la fortune. Il n'a qu'un orgueil, noble orgueil, celui-là, faire le bien. Dans ses ouvrages, comme dans ses actes, on trouve la preuve qu'il faisait le bien pour le plaisir de faire des heureux et non pour qu'on lui en eût de l'obligation.

Boucher de Perthes prononça à la Société d'Emulation d'Abbeville plusieurs discours qui témoignent de sa sollicitude envers les classes laborieuses. Dans un discours sur la misère, prononcé en 1838, il recherchait avec une scrupuleuse patience et une rare sagacité, les causes générales qui produisent la misère, et, en première ligne, il mettait avec juste raison, l'abus des liqueurs fortes. Il distinguait soigneusement la misère de la pauvreté. La misère est incurable, la pauvreté peut être guérie ; la pauvreté est un accident, la misère est une position ; on subit la pauvreté, on crée la misère, qui toujours est la suite d'une volonté ou plutôt d'un défaut de volonté et de conduite. C'est la pauvreté qui précède la misère ; la misère est la pauvreté établie, reconnue, adoptée. On cache sa pauvreté, on étale sa misère, le pauvre se relève souvent et devient riche. Celui qui est arrivé à la misère, non seulement y reste, mais il la communique et l'étend.

Rien de plus profond en raisonnement, de plus exact dans les exemples et dans les citations que les considérations sur lesquelles s'appuyait Boucher de Perthes. La lecture de cet intéressant discours devrait être faite et méditée par tout le monde : par les administrations communales, par les riches, etc., pour parvenir à éteindre la mendicité d'abord, ce qui amènerait à la longue la destruction de la misère ; — par les ouvriers, pour leur apprendre qu'avec de l'ordre, de l'économie, de la prévoyance et le goût du travail, ils peuvent, à la longue, s'amasser pour les jours de la vieillesse une petite fortune, et améliorer pour le présent leur vie physique et morale.

Dans un autre discours, prononcé en 1841 sur l'éducation du pauvre, Boucher de Perthes, qui se montrait sans cesse préoccupé des questions philanthropiques, voyait que des obstacles de tous genres s'opposent au libre développement du bien de la société, c'est pourquoi il s'efforçait de soulever l'un de ces obstacles de temps en temps. Noble entreprise pour laquelle l'humanité doit avoir la plus profonde reconnaissance envers les hommes de cœur, qui souffrent de ses plaies et qui travaillent à les cicatriser !

En 1846, nouveau discours; frappé de l'état de misère du pauvre, notre philanthrope voulait l'adoucir par des consolations et des avis. « Le pauvre, disait-il, n'a ni amis ni conseils, ou, s'il en a, pauvres et ignorants comme il l'est lui-même, ils ne sont guère propres à l'instruire, et pourtant ce n'est que par l'instruction et le raisonnement qu'il pourra échapper aux pièges qu'on lui tend, ajoutons qu'il se tend souvent à lui-même. La charité n'est pas seulement dans l'argent ou le pain qu'on jette au malheureux : elle est dans le bon emploi qu'on lui fait faire de cet argent et de ce pain. »

Ce n'était pas une société de secours matériels que l'orateur proposait de fonder en faveur des malheureux, mais une société de conseils et de moralisation. A cet effet, la société serait composée des propriétaires, industriels, fonctionnaires, enfin des citoyens notables, qui, selon leur fortune, leur influence ou leur capacité, auraient pour mission l'assistance et la moralisation des classes pauvres, c'est-à-dire des artisans, manouvriers, cultivateurs, etc., qui seraient associés de l'institution sous le titre de patronnés.

Après s'être longuement étendu sur les bases de l'institution du patronage, après avoir rappelé les causes qui la rendent nécessaire et comment on peut la faire durer, tout en signalant les nombreuses difficultés auxquelles on se heurterait pour une institution de ce genre, Boucher de Perthes terminait ainsi son discours : « Bien des procédés ont été mis en

avant pour faire cesser le malaise des classes
ouvrières, mais aucun n'a complètement
réussi. Essayons donc de celui-ci. Il n'a rien
de bien difficile, ni même de bien neuf, puisqu'il ne consiste qu'à régulariser et à étendre
ce que tant de personnes font déjà. »

En 1859, il prononçait un discours sur la
femme dans l'état social. A ce propos, il entrait
dans des considérations étendues et savantes
sur la position de la femme chez les différents
peuples, depuis les temps les plus reculés jusqu'au xixᵉ siècle. Et c'était surtout de la femme
du peuple dont l'orateur s'occupait, c'est-à-
dire de la femme qui travaille et qui souffre,
de la femme qui n'a d'autres joies que celles
du labeur, d'autres ressources que celles de
ses mains ou du travail de son mari. Boucher
de Perthes ne trouvait pas que notre civilisation européenne avait fait pour cette femme
tout ce qu'elle aurait dû faire. Dans ce discours, il a montré les privations de l'ouvrière,
les tourments de la mère de famille, dont le
mari ne reçoit qu'un salaire presque toujours
insuffisant pour la vie commune : alors que
de résignation, que de vertu il faut dans

la femme qui dirige le modeste ménage!...

Le salaire des femmes ouvrières ne saurait suffire à les faire vivre, et pourtant elles s'occupent tout le jour et une partie de leurs nuits. Généralement on peut reconnaître que la femme du peuple est mal nourrie, mal vêtue, mal logée, qu'elle souffre et s'étiole de bonne heure. Il en résulte une génération dégénérée et des maux dont souffre l'humanité.

Il est des travaux qui conviennent principalement aux femmes, mais il semble qu'on ait à cœur de les en priver. Dans l'accaparement des occupations de femmes par des hommes, Boucher de Perthes s'élevait surtout et avec raison, contre l'emploi des hommes dans les magasins de nouveautés et autres analogues. Il entrait à ce sujet dans des considérations fort justes sur la direction à donner à l'éducation de la femme et il en indiquait le programme. A l'appui de ses propositions et comme complément de son discours, il faisait une donation à la ville d'Abbeville de cinq cents francs de rente au profit de l'ouvrière qui l'aurait méritée par sa conduite, son œuvre et son travail. On ne pouvait certainement pas mieux clore un beau discours.

En 1849, Boucher de Perthes faisait paraître sous cet agréable titre, *Misère, Emeute, Choléra,* une brochure d'une verve satirique, des plus piquantes ; voici le sujet qui lui dicta ce spirituel pamphlet. « Depuis longtemps, disait-il, on cherche des remèdes contre la misère, contre l'émeute, contre le choléra, et l'on n'a pas cherché en vain, car il n'est personne qui n'en ait découvert un et souvent deux. La difficulté n'est donc pas d'en trouver beaucoup, mais bien d'en trouver de bons. » Là-dessus, voilà l'auteur en train. Avec sa franchise railleuse, sa causticité de bon goût, toujours exempte de personnalité, il énumère les remèdes inventés successivement pour conurer les maux de la société. Il montre assez péremptoirement que les spécifiques employés depuis quelque temps contre la misère n'ont pas eu une grande efficacité.

Après plusieurs pages pleines de saillies et riches de sel attique, Boucher de Perthes proposait son remède, sa panacée universelle, qu'il suppliait tout le monde de mettre en

pratique, et qu'il assurait d'un succès écla-
tant : c'était le travail. Il gourmandait à ce
propos, et sans pitié, ces hommes riches, ou
seulement aisés, qui ne voient rien de mieux
à faire que de réaliser des économies, que de
restreindre leurs dépenses, d'ajourner leurs
réparations, d'user leurs vieilles hardes et de
grossir leur petit pécule, ne voyant pas que
c'est précisément cette épargne mal entendue
qui expose leur fortune à de funestes chan-
ces ; — que c'est parce qu'ils veulent la conserver maladroitement, et avec une sordide et
égoïste prévoyance qu'ils courent le risque de
la perdre tout entière, — et que le vrai moyen
de l'assurer, et avec elle la paix publique,
serait de dépenser, au contraire, un peu lar-
gement, de procurer du travail à une foule de
bras que la misère peut pousser à de violentes
extrémités.

Comme toujours, joignant l'exemple au
précepte, Boucher de Perthes faisait cons-
truire dans sa maison une superbe galerie
destinée à recevoir les objets d'art qu'il avait
recueillis, et, quelques années plus tard, il
faisait faire une seconde galerie, dans le but

surtout de procurer du travail à quelques ouvriers qui n'en avaient point.

Par les citations suivantes, empruntées à l'un de ses ouvrages, les *Maussades*, on verra que le généreux Abbevillois était sans cesse animé du désir de faire le bien, son principal objectif.

> Mais mon but est toujours le même :
> Grandir pour faire des heureux.
> Tout ce qui vous plaît, moi je l'aime :
> Votre bien est ce que je veux.

Et ailleurs :

> Surtout vivons en gens de bien ;
> Sans probité, nul ne prospère ;
> On croit avoir tout, on n'a rien
> En n'amassant que pour la terre.
> Là-haut, je vois quelqu'un qui sait
> A qui revient part la plus forte :
> Le bien qu'ici nous avons fait,
> Voilà celui qui nous rapporte.

Et encore :

> Le bien le plus profitable
> Est donc le bien le mieux fait :
> Qu'est cet homme charitable ?
> Un égoïste parfait.
> Par bonté fait-il l'aumône ?
> A-t-il pitié des petits ?

Non! il veut que Dieu lui donne
Une place en paradis.

C'est aussi là que j'aspire,
Moi qui ne suis qu'un pécheur;
Mais puisqu'il en est de pire,
J'ai confiance au Seigneur....

Et plus loin :

Dieu qui, là-haut, donne les rangs,
Comptera, pour régler son livre,
Non combien on tua de gens,
Mais combien on en a fait vivre.

Et enfin :

Du pouvoir que Dieu lui confère
Que chaque œuvre soit un bienfait,
Car on n'est heureux sur la terre
Que par les heureux qu'on y fait.

Boucher de Perthes ne se borna point par ses discours et par ses écrits à venir en aide aux ouvriers et aux malheureux; il consacra plus de deux cent cinquante mille francs de sa fortune en prix d'encouragement. Le 27 novembre 1859, il faisait donation à la ville d'Abbeville d'une somme de dix mille francs, dans le but moralisateur de fonder une prime à décerner chaque année à l'ouvrière de la ville et des faubourgs qui l'aurait le mieux méritée par sa conduite et son travail. Les intérêts de cette somme devaient être employés en une prime de cinq cents francs au moins et en deux médailles d'encouragement, décernées tous les ans.

Quelque temps après, il fondait de nouvelles primes de chacune cinq cents francs de rente annuelle pour la même destination en faveur des villes d'Amiens et de Rouen; le 13 février 1865, il fondait à Abbeville, sur la paroisse Saint-Gilles, une école-ouvroir de dessin et de couture pour les jeunes filles; il constituait une dotation aux enfants de l'hospice et excitait leur émulation en accordant des livrets de caisse d'épargne à ceux qui se montraient les plus dociles et les plus appliqués. De son vivant, il fonda encore de nouvelles primes de cinq cents francs de rente en faveur des ouvrières de l'arrondissement d'Abbeville, des villes de Dieppe, de Boulogne-sur-Mer, de Reims et de Rethel; enfin, par son testament, il laissa cent cinquante mille francs pour être répartis également entre les quinze villes de France ayant le plus

d'ouvrières pauvres pour qu'il soit donné
annuellement, et à perpétuité, une prime de
cinq cents francs au moins, et deux médailles
au plus à celles de ces ouvrières qui se seront
distinguées par leur travail et leur conduite.
Ces libéralités ne prouvent-elles pas de la façon
la plus évidente la philanthropie du généreux
Abbevillois?

Mais ses libéralités ne se bornèrent point à
ces actes de bienfaisance; les musées d'Amiens
et de Saint Germain-en-Laye, et le musée d'ar-
tillerie réclameraient contre notre silence,
car il fit à chacun d'eux des donations importantes; c'est à la ville d'Abbeville qu'il a fait la
part la plus large. Le premier parmi les col-
lectionneurs de l'Europe, il a formé un incom-
parable musée d'objets appartenant à l'industrie primitive; il a provoqué dans le monde
savant un mouvement d'études qui se ratta-
che à l'une des plus grandes questions que
puissent aborder l'histoire et la philosophie,
l'époque de l'apparition de l'homme sur la
terre. Par une de ces libéralités qui étaient
dans son caractère, Boucher de Perthes a
voulu que le musée qu'il avait formé avec

tant de peine et à si grands frais devînt l'ina-
liénable propriété de la ville où il avait passé
la plus grande partie de sa vie ; il le lui a légué
par testament, ainsi que l'hôtel où il était
établi, à la condition expresse que les choses
resteraient dans le même état qu'au jour de
sa mort, et les touristes, qui ne manquent
jamais de visiter ce musée à leur passage à
Abbeville, s'accordent tous à dire qu'ils n'ont
rencontré nulle part dans nos départements
une galerie particulière plus variée et plus
pittoresque. Tous les appartements, depuis le
rez-de-chaussée jusqu'au grenier, depuis le
salon jusqu'aux recoins les plus obscurs, sont
garnis de bas-reliefs, de sculptures sur bois,
de meubles du moyen âge, de statues, d'armes
de toutes les époques, de reliquaires, de poteries romaines, gallo-romaines, du moyen-âge
et de la Renaissance, de tableaux, d'outils et
d'instruments divers; on y trouve de tout,
comme dans les œuvres du fondateur, et si,
parmi les tableaux, il se rencontre bon nombre de toiles au-dessous du médiocre, et, parmi
les objets archéologiques, des bibelots sans
valeur, il en est aussi beaucoup d'autres en

très grande majorité, qui seraient placés au premier rang dans les collections publiques de la capitale.

Outre les fondations de bienfaisance dont il vient d'être question, Boucher de Perthes a encore à son actif une foule d'institutions auxquelles sa ville d'adoption en particulier et l'humanité en général lui sont redevables; toujours et partout on le voit animé du même désir : se rendre utile à ses semblables. En rentrant à Abbeville en 1825, il trouva un centre d'action dans la Société d'Émulation pour exercer son remarquable esprit d'initiative; c'est sur sa proposition, faite en 1826, que cette Société vota la fondation d'un musée établi en 1833; qu'en 1832 eut lieu une exposition à Abbeville des produits de l'industrie du département de la Somme; qu'en 1845 une école de natation fut créée dans la même ville; que de nombreuses médailles et de nombreux prix furent accordés par la société d'Émulation aux ouvriers qui se sont fait remarquer par leur bonne conduite, leur travail et leur tempérance; — au capitaine du premier navire chargé de deux cents tonneaux

au moins qui entra dans le port d'Abbeville ;
— à l'auteur du meilleur mémoire d'agriculture ; — au premier bâtiment de Saint-Valery
qui s'arma pour la pêche de la morue, etc., etc.
En 1833, il présenta le projet d'un cercle des
Amis des Arts à Abbeville, et il en formula les
statuts ; après les premières difficultés que
rencontra son entreprise, le cercle fut fondé et
devint prospère ; — à plusieurs reprises, il
proposa l'établissement dans la même ville
d'un jardin botanique, — la création d'un
bain froid gratuit en faveur des ouvriers ; —
dans un discours aux ouvriers, prononcé
en 1832 à l'occasion de l'exposition des produits de l'industrie à Abbeville, il émit l'idée
qu'au lieu d'une exposition des produits de
l'industrie française à Paris, sur la place de la
Concorde, on élargît le cercle et que l'on fît
une exposition universelle ; son projet ne
devait guère être appliqué en France que près
d'un quart de siècle plus tard.

Nous n'en finirions point s'il fallait énumérer
les institutions utiles dues à Boucher de
Perthes et qui n'ont point encore reçu toutes
leur application ; elles dénotent le désir

7

constant qu'il avait de se rendre utile à
tous et d'apporter le plus de soulagement
possible aux déshérités de la fortune, aux
petits et aux faibles.

A propos du don de sa collection tout entière
que Boucher de Perthes voulait faire à l'Etat,
il éprouva bien des tracas, ou plutôt il soutint
une lutte qu'il est peut-être bon de rapporter.
Après la mort de M. du Sommerard, il avait
appris que le gouvernement voulait faire
l'acquisition de la collection du défunt, qui y
avait mis toute sa fortune, et laissait peu de
chose à ses enfants. Il apprit aussi qu'on
voulait acquérir l'hôtel de Cluny pour y placer
la collection du Sommerard, afin de fonder
un musée d'antiquités nationales.

Le 30 mai 1843, Boucher de Perthes écrivait
à Viollet-le-Duc, conservateur des maisons
royales, pour l'entretenir de son projet et lui
demander avis sur le don qu'il voulait faire à
l'État de la collection formée par lui. « Je ne
veux point la vendre, disait-il, mais je ne
voudrais point non plus qu'elle fût dilapidée
après moi. Je désirerais la donner, mais bien
la donner, pour qu'elle ne fût jamais vendue,

et avoir l'assurance qu'elle sera placée convenablement.... Dites-moi donc les moyens que j'aurais à prendre pour faire ce don à l'État, de façon qu'il soit bien constaté que je n'ai rien vendu ni fait de spéculation quelconque, mais donné dans le seul intérêt de l'art et du pays. »

Le 8 juin suivant, il écrivait à Vitet, président de la commission chargée de l'examen du projet d'un musée d'antiquités nationales : « J'offre de faire à l'État le don gratuit d'une collection que j'ai formée avec beaucoup de soins et de dépenses, et qui se compose d'un assez grand nombre de meubles français de diverses époques, notamment d'armoires sculptées, de coffres, de bas-reliefs en bois, etc.

« Les conditions que je mets à mon offre sont :

« 1° La fondation du musée dont il s'agit ;

« 2° L'emploi d'une ou plusieurs salles assez vastes pour contenir tous les objets dont je ferai don.

« 3° Le droit d'intervenir comme conseil dans leur classement ;

« 4° Qu'il soit constaté, d'une manière

authentique, que je n'ai rien vendu ni rien accepté en retour, et qu'il ne s'agit que d'un don purement gratuit fait au pays. »

Cette offre fut gracieusement acceptée au nom de l'État par M. Duchâtel, ministre de l'intérieur. L'hôtel de Cluny et la collection du Sommerard furent achetés, et, trois fois, on annonça au généreux Abbevillois les voitures de déménagement qui devaient transporter sa collection à Paris, mais elles ne vinrent jamais. On lui objecta que ce transport coûterait cher : il offrit de le payer, et, vingt ans plus tard, malgré ses nombreuses démarches, sa collection de meubles était encore dans sa maison. La vérité est que, parmi nous, on n'a d'admiration que pour les salles vides et que MM. les conservateurs sont épouvantés sitôt qu'ils ont quelque chose à conserver.

Au mois de novembre 1862, Boucher de Perthes était informé que l'empereur, alors à Compiègne, désirait connaître ses pierres anté-diluviennes, qu'il avait plusieurs fois offert de donner aussi à l'État. Boucher de Perthes se rendit auprès du souverain, qui parut s'inté-

resser à ses découvertes ; celui-ci fit entendre
au collectionneur abbevillois que s'il avait
toujours l'intention de faire don à l'État des
différents objets préhistoriques qu'il avait recueillis, un emplacement convenable leur
serait accordé dans le château de Saint-
Germain en Laye, qu'il destinait à l'établissement d'un musée d'antiquités nationales ; il
ajouta que la galerie qui renfermerait sa
collection porterait son nom. Boucher de
Perthes s'empressa d'accepter, bien qu'il
s'attendît à ce que cette galerie restât longtemps
à l'état de projet, car, dès 1858, il avait proposé à M. Ad. de Longpérier, conservateur
des antiquités au Louvre, de fonder dans les
salles de cet édifice un musée gaulois, dont il
fournirait les premiers éléments ; mais, comme
on ne voulait point de sa collection au Louvre, on lui fit entendre qu'il n'y avait plus de
place.

Cette fois les choses allèrent plus vite, car
le souverain s'en mêla. MM. Rossignol, conservateur du musée de Saint-Germain, de
Nieuwerkerke et de Longpérier allèrent visiter
la collection de Boucher de Perthes au mois

de novembre 1863, et, au mois de juillet 1865,
le généreux antiquaire abbevillois était appelé
au musée de Saint-Germain pour y faire le
classement des objets qu'il avait offerts à
l'État. Aux pierres et aux ossements qu'il
donna, il joignit des bronzes, des poteries
celtiques, gauloises, romaines, gallo-romaines
et françaises ; mais, comme dans ces dernières
se trouvaient des pièces postérieures à la
période carlovingienne, il les donna au musée
céramique de Sèvres.

Au bout de huit jours, Boucher de Perthes
avait terminé son classement ; il rentrait à
Abbeville le 21 juillet, et il écrivait à son com-
patriote, M. Ch. Louandre, le 1er août :
« Je reviens de Saint-Germain, où j'ai passé
quelques jours pour y classer la collection
antédiluvienne et celtique que j'ai donnée à
l'État. Cela formera un curieux musée : peut-
être enfin ouvrira-t-il les yeux aux incrédules.

« La collection des instruments est surtout
instructive ; on y aperçoit les types de tous
nos outils usuels : ciseaux, gouges, vrilles,
couteaux, scies, marteaux, polissoirs, etc.
Mais on trouvera bien autre chose dans ce

pot au noir du passé, car nous ne sommes qu'au premier pas de cette étude. »

Boucher de Perthes était bien près de sa soixante-dix-neuvième année quand il visita l'Exposition universelle de 1867 ; c'était la seconde de ce genre qu'il voyait à Paris, trente-quatre ans après qu'il en eût émis l'idée. Il profita de son séjour dans la capitale pour retourner à Saint-Germain voir le nouveau classement de sa collection de silex, qu'il trouva bien casée, mais aussi fort amoindrie, car on lui en avait renvoyé un bon tiers : la place manquait ; toutefois, il fut enchanté du nouveau rangement.

Le 10 août, il écrivait à propos de sa visite au musée de Saint-Germain et de ses recherches : « La question, notamment depuis quatre ans, a fait des progrès immenses ; elle s'est considérablement élargie ; bref, la vérité s'est fait jour, les préjugés sont tombés et la hache quaternaire, si longtemps dédaignée, n'est pas moins devenue la pierre fondamentale d'une science nouvelle : l'archéogéologie ou l'histoire géologique et généalogique de l'homme, constatée par ses outils. Cette victoire prouve qu'il est bon parfois d'être têtu, et que la conviction, jointe à la persévérance, peut suppléer au savoir. » C'est qu'en effet, cette conviction était poussée chez lui jusqu'à l'extrême limite. Même antérieurement à 1830, plus de six ans avant qu'il n'eût découvert la première de ses haches, il les voyait en esprit dans les bancs diluviens ; il les dessinait à ses amis et à ses collègues de la Société d'Émulation, ce qui ne contribua pas peu à le faire passer pour un rêveur, et à ne montrer dans son livre que les élucubrations d'un cerveau en proie à une idée fixe.

Boucher de Perthes a raconté d'une façon humoristique le voyage qu'il fit de Paris à Saint-Germain le 6 juillet 1867. « Il faisait ici un temps du diable, vent, pluie, etc. Tout m'était obstacle. J'ai cru que je n'arriverais jamais à ma destination. La malice des choses semblait être d'accord avec celle des hommes pour me barrer le chemin ; bref, les mille et un guignons étaient à mes trousses. Jugez-en vous-même. Je me lève de bonne heure; je sors de chez moi pour gagner la Bourse, qui n'en est qu'à deux pas; j'y vais prendre au bureau

une place pour le chemin de fer de Saint-
Germain au prix de un franc cinquante cen-
times. N'ayant pas de monnaie, je donne une
pièce de dix francs à la buraliste, qui m'en
rend le surplus que je mets dans ma poche
sans compter, pressé que j'étais de monter
dans l'omnibus dont le conducteur s'im-
patientait.

« Nous étions partis et marchions vite,
quand, voulant donner quelque chose au
conducteur pour l'ennui que je lui avais causé,
je m'aperçus que la buraliste, prenant sans
doute ma pièce de dix francs pour une de
vingt, m'avait rendu, avec sa monnaie, une
autre pièce de dix francs. Il fallait la lui
rendre, et le plus tôt possible, mais comment?
Je fais arrêter l'omnibus qui, comme vous
pensez, ne m'attendit pas, et je retourne à
la Bourse en maugréant et maudissant la
pauvre femme qui, probablement, en faisait
autant que moi. Elle ne comptait guère sur
cette restitution, car elle me remercia comme
si je lui en avait fait présent. Là, il me fallut
chercher un autre omnibus. Première anicroche.

« Arrivé à la gare, le train était parti.
Nécessité d'attendre. Deuxième anicroche.

« Après une assez longue pause, enfin
l'heure du départ sonna ; mais quelque fête
sans doute attirait la foule sur cette voie, car
je trouve une queue se disputant les wagons.
Je vis le moment où je n'aurais pu me caser,
et je fus obligé d'entrer dans les secondes,
où je tombai en triste compagnie, dont un
ivrogne. Troisième anicroche.

« A deux stations plus loin, nous fûmes
débarrassés de l'ivrogne ; grand soulagement,
car c'était un ivrogne philanthrope, qui voulait
payer à boire à tous ses voisins. Il fut remplacé par une jeune personne sortant sans
doute d'un magasin de parfumerie et qui en
transportait des échantillons dans un cabas,
lequel exhalait si fort le musc que le wagon
bientôt ne fut plus tenable, et que, presque
asphyxiés, nous fûmes contraints, nonobstant
la pluie, de tenir tout ouvert. Quatrième
anicroche.

« La jeune fille, heureusement, descend à
trois stations plus loin. Elle est remplacée
par un chasseur dont le chien, à la station

suivante, s'échappe du compartiment des quadrupèdes et, trouvant une portière ouverte, s'élance, tout crotté, sur les genoux de trois petites dames qui poussent des cris farouches, interpellent le maître et frappent de leurs ombrelles le chien qui, comme de raison, leur montra les dents, auquel geste un jeune militaire, s'écriant qu'il était enragé, voulut dégaîner, et je vis le moment où toute la compagnie allait sauter par les fenêtres. Cinquième anicroche.

« Ennuyé de ce wagon maudit, je profite du premier temps d'arrêt pour entrer dans un coupé des premières, où un employé complaisant m'avait découvert une place. Je n'y étais pas plutôt assis, que je vois mes voisins se boucher le nez en me regardant de travers, puis ouvrir toutes les croisées. Hélas ! j'en compris bien vite la cause : assis, dans l'autre wagon, près de la demoiselle au musc, la moitié de son cabas, reposant sur mes genoux, m'avait si bien parfumé que j'infectais. Sixième anicroche.

« Enfin, nous approchons de Saint-Germain, où j'étais d'autant plus pressé de me tirer de

cette voie douloureuse que la glace ouverte,
près de laquelle je me trouvais, m'envoyait
la pluie au visage. Je cherche mon parapluie
dont j'allais avoir grand besoin ; je l'avais
oublié dans le premier wagon. J'y cours,
mais déjà les voyageurs avaient pris leur
volée et mon parapluie avec eux. Septième
anicroche.

« Me voici donc sur le pavé de Saint-
Germain, la pluie sur le dos, dont pourtant
je ne me plaignais pas trop, parce que j'es-
pérais qu'elle me débarrasserait de mon odeur
de musc qui, dans ce sanctuaire de la science,
aurait pu paraître une singulière anomalie et
me donner l'air d'un gandin. J'entre au château, j'y demande le directeur, M. Bertrand.
Il vient de partir pour Paris. Je veux me
faire conduire chez son adjoint, M. Beaune.
Lui aussi est sorti, on ne sait où il est allé,
ni quand il rentrera. Huitième anicroche. Et
la pire de toutes, car elle rend mon voyage
inutile, je n'ai plus qu'à remonter en wagon,
au risque, dans la veine malheureuse où je
suis, de retraverser une même série de
misères. Heureusement que M. Bertrand,

encore à la gare, fut avisé à temps de mon
arrivée et remit son départ à un autre convoi.
Il vint me trouver et nous fîmes connaissance.
Nous nous écrivions, j'avais apprécié son
mérite; mais je ne l'avais jamais vu. »

———

IV

Ce qui valut à Boucher de Perthes la répu-
tation plus qu'européenne qu'il s'est acquise,
la retentissante popularité qui s'est attachée à
son nom, ce sont les recherches et les découvertes d'objets appartenant à l'industrie primitive. A sa rentrée à Abbeville en 1825, il
lui manquait un aliment à sa dévorante activité : c'est dans la géologie qu'il le trouva.

On sait qué primitivement la terre était
liquide par suite de son incandescence. Lorsqu'elle se refroidit, elle se couvrit d'une croûte
solide sur laquelle vinrent se déposer des couches horizontales provenant des matières mi-
nérales tenues en suspension par les eaux du
globe. De temps à autre, par l'action du feu
central, des masses liquéfiées déchiraient cette
croûte et interrompaient les dépôts; ces phéno-
mènes changèrent plusieurs fois l'aspect de

cette croûte. « C'est ainsi que les terrains successifs sont devenus les cimetières des êtres organisés qui peuplaient le globe pendant les diverses époques géologiques. En étudiant leurs débris, on est arrivé à classer les terrains de la manière suivante : *terrains primitifs, terrains de transition, terrains secondaires, terrains tertiaires,* comprenant les trois couches appelées *éocène, miocène* et *pliocène,* enfin *terrains quaternaires.* A cette dernière époque, vivaient ces grands mammifères dont les ossements remplissent les cavernes. Vient ensuite l'époque essentiellement moderne des alluvions fluviatiles et des dépôts marins. »

Or, c'était dans le diluvium que Boucher de Perthes avait fait ses découvertes. Par diluvium, il entendait « les couches d'argile, sable et gravier qui reposent sur toutes les autres formations géologiques et ne sont recouvertes que par les alluvions de l'époque actuelle. »

Mais le vrai nom est celui de *terrain quaternaire,* ou mieux encore celui proposé par E. de Beaumont, *alluvions anciennes.*

Dès 1828, MM. Tournal et Christol découvraient, presque simultanément, sur deux points différents du Languedoc, des ossements fossiles humains.

En 1833-1834, le Dr Schmerling, de Liège, publia un ouvrage ayant pour titre : *Recherches sur les ossements fossiles découverts dans les cavernes de la province de Liège.* Dans cet ouvrage, il n'hésita pas à conclure que, par les divers faits qu'il a constatés lui-même, l'homme avait été, dans le district de Liège, contemporain de l'ours des cavernes et de plusieurs autres espèces éteintes de quadrupèdes. Il avait trouvé des ossements de mammifères éteints et des silex façonnés dans quarante-deux cavernes de Belgique, mais il ne trouva d'ossements humains que dans trois cavernes.

Ces différentes découvertes étaient-elles ignorées de Boucher de Perthes ? Il est permis de le supposer, car, dans son ouvrage de *la Création*, publié en 1838, il annonça « que tôt ou tard on finirait par trouver dans le diluvium, à défaut de fossiles humains, des traces d'hommes antédiluviens. (1) » C'est

(1) Il dit lui-même que c'est à l'occasion de l'envoi de son

qu'en effet, vers 1836, il rencontra la première hache quaternaire.

Si Boucher de Perthes n'eut point le mérite d'avoir découvert le premier des ossements fossiles humains, il entra du moins dans les conclusions de Tournal, de Christol et de Schmerling.

Partant de l'idée qu'il avait émise en 1838, il se mit à la recherche des traces d'hommes anté-diluviens. Dès 1841, il trouvait à Menchecourt un silex grossièrement taillé en forme d'instrument tranchant. Cette trouvaille, faite dans des sables contenant des débris de mammifères, produisit les années suivantes d'autres découvertes d'armes, surtout au moment où l'on créa le Champ-de-Mars à Abbeville. Il y recueillit un grand nombre de silex taillés par la main de l'homme et enfouis pêle-mêle avec les ossements d'animaux éteints, d'*elephas primigenius* et de *rhinoceros tichorinus*, de mastodontes, d'hippopotames, etc. Les circonstances du gisement lui parurent démontrer

livre à l'Institut, en 1842-1843, qu'il entendit parler pour la première fois de Schmerling et des autres géologues ou naturalistes qui avaient étudié les cavernes.

que les os et les instruments avaient été enfouis à la même époque dans les couches du diluvium. Il pensa, avec raison, que l'homme est antérieur à la dernière révolution de la terre.

Avec l'esprit d'observation qui le caractérisait, Boucher de Perthes reconnut que les silex travaillés qu'il avait découverts présentaient un type spécial et grossier différent des armes de pierre polie d'une époque postérieure et communément appelées *haches celtiques*.

Le grand nombre de hachettes, de pierres travaillées et d'ossements mis au jour donna l'idée à Boucher de Perthes de publier le résultat de ses découvertes dans un ouvrage qui parut d'abord en 1846 sous le titre : *De l'Industrie primitive, ou des Arts à leur origine*, titre qui fut changé plus tard.

On ajouta peu de foi aux récits de l'antiquaire picard, non qu'on doutât de sa loyauté, mais on contestait sa compétence ; on objectait qu'aucun géologue n'avait vu les haches en place, et, ce qui montre la force de la prévention, c'est que les géologues qui faisaient cette objection n'eurent pas l'idée d'y aller voir. A quoi bon ? Les prétendues couches diluviales dans lesquelles la trouvaille avait été faite devaient être postérieures au diluvium ; c'était sans doute un terrain remanié ; on aimait à le croire : on le crut. Et la science s'endormit sur ce moëlleux oreiller d'une croyance douce aux préjugés des savants et à la paresse des hommes.

Beaucoup de gens pensèrent que les outils trouvés par Boucher de Perthes ne devaient leurs formes qu'à des cassures accidentelles ; d'autres crurent à une fabrication récente par des ouvriers; d'autres encore prétendirent que le gravier avait été remanié, et que les silex travaillés s'étaient trouvés mêlés aux os du mammouth longtemps après la disparition de cet animal et de ses contemporains éteints.

« Comme toutes les importantes découvertes qui viennent contrarier les idées reçues, celle de Boucher de Perthes fut accueillie par le sourire de l'incrédulité. On trouva beaucoup plus facile et plus commode de faire quelques plaisanteries sur ce sujet que de l'approfondir, et il n'en fut plus question. Personne ne mit

en doute la bonne foi de M. Boucher de Perthes,... mais on l'accusa de se faire d'étranges
illusions. Ce fut donc en vain qu'il soumit plusieurs fois, à partir de 1844, la question à
l'Académie des sciences de Paris, envoyant
ses ouvrages et des échantillons, c'est à peine
si l'on daignait en faire mention dans les comp-
tes rendus. »

En effet, dès 1842, Boucher de Perthes
faisait imprimer les premières feuilles de son
livre de l'*Industrie primitive* et les envoyait à
l'Institut par l'intermédiaire de son compa-
triote L. Cordier et d'Alex. Brongniart, pour
que ce corps savant eût à se prononcer sur la
question qu'il soulevait dans son ouvrage ; de
plus, il envoyait des échantillons de terrains
diluviens des environs d'Abbeville et des
silex travaillés.

L'Académie des sciences et l'Académie des
inscriptions et belles-lettres nommèrent chacune une commission le 17 août 1846 pour
étudier cette question ; mais, l'année suivante,
les commissions n'avaient encore rien fait,
ainsi que le prouve une lettre de Boucher de
Perthes du 17 mars au baron de Hammer :

« Quant aux deux commissions de l'Académie des sciences et des inscriptions et belles-lettres, écrivait-il, impossible de les décider à faire le voyage d'Abbeville, ni même celui d'Amiens, où sont, à Saint-Roch et à Saint-Acheul, des bancs analogues à ceux de Menchecourt, de l'Hôpital et de Moulin-Quignon, bancs où l'on doit dès lors rencontrer des traces humaines, des silex taillés, où j'en ai trouvé, où j'en trouverais encore si je voulais ; mais je veux que Messieurs d'Amiens, qui rient de moi aussi fort que ceux de Paris, les y découvrent eux-mêmes, sinon ils diront que c'est moi qui les y ai mis ou fait mettre, comme ils l'ont prétendu d'Abbeville. Ah! qu'une vérité est dure à faire avaler aux savants! ils semblent toujours craindre qu'il n'y en ait trop : comme si c'était déjà chose si commune dans ce bas monde adorateur du mensonge et toujours prêt à lui élever des autels. »

Le 16 août suivant, il écrivait : « Voilà dix-huit mois que j'attends de l'Académie des sciences un rapport de deux pages. Que s'agit-il donc de décider ? — Si une chose

est ou n'est pas. — Or, lorsqu'il est si facile de voir, je ne conçois plus pourquoi l'on discute pour savoir. »

Il écrivait encore à un membre de l'Académie des inscriptions et belles-lettres : « Si la commission voulait venir examiner les lieux et les objets que j'y ai découverts, peu d'heures lui suffiraient pour que son opinion fût fixée. Elle pourrait nommer cette science nouvelle *archéogéologie*. »

Mais bien que Boucher de Perthes renouvelât annuellement cette prière, quinze ans plus tard aucun membre des deux commissions, excepté M. Jomard, n'était venu à Abbeville, et le rapport restait toujours à faire.

Les membres de la commission nommée par l'Académie des sciences étaient MM. Cordier, Dufresnoy et É. de Beaumont; ceux de la commission nommée par l'Académie des inscriptions étaient MM. Jomard et Raoul Rochette. Quoique Boucher de Perthes leur eût offert l'hospitalité de sa maison, personne ne vint. Voyant que l'Académie ne venait pas chez lui, il offrit de mettre à la disposition des deux commissions les collections qu'il avait recueillies et d'en faire don au Muséum ou de les remporter à ses frais si cet établissement n'acceptait point son cadeau.

Cette proposition n'ayant eu aucun succès, il prit le parti d'informer ses juges que les bancs diluviens de Paris étaient semblables à ceux d'Abbeville et que, par conséquent, ils devaient renfermer les mêmes témoignages de l'industrie primitive. De sorte qu'à la rigueur, une visite aux sablières qui se trouvaient derrière les Invalides pourrait tenir lieu d'un voyage à Abbeville. Mais comme il savait à quoi s'en tenir au sujet de l'Académie, il prévit le cas où elle ne se rendrait pas aux Invalides; il proposa alors à la commission de faire prendre des échantillons, couche par couche, afin de les comparer. Aucune de ces propositions ne réussit; l'Académie n'alla pas plus aux carrières de l'avenue de la Motte-Picquet qu'elle n'alla à Abbeville.

Ce fut un étranger, M. Gosse, de Genève, qui devait plus tard explorer lui-même les carrières de l'allée de la Motte-Picquet. Ses découvertes réalisèrent les prévisions de l'archéologue abbevillois. Mais n'anticipons pas

sur les faits. Disons seulement que pendant
sept ans Boucher de Perthes fit fort peu de
conversions; il était regardé « comme un
enthousiaste, presque comme un fou. » Cependant il reconnaissait que plusieurs membres
des commissions nommées par l'Institut n'é-
taient pas forts en géologie ; l'un d'eux lui
demanda même si c'était dans les terrains
primitifs qu'il trouvait des ouvrages d'hommes !

Nous avons dit que c'est vers 1841 que
Boucher de Perthes commença à recueillir les
instruments en silex. Depuis cette époque, et
pendant une période de dix ans, le résultat
de ses recherches a été la réunion d'un
nombre considérable d'ossements et de pierres
travaillées. On les a extraits des lits de sable
et de gravier partout où l'on travaillait, tantôt
dans les exploitations de cailloux ou d'argile,
tantôt dans les travaux aux fortifications
d'Abbeville, etc.

Le 5 février 1851, Boucher de Perthes
écrivait à l'un de ses correspondants : « Je
viens, non sans peine, d'achever le classement
de ma collection d'instruments celtiques et
antédiluviens. C'est assurément une collec-

tion unique dans son genre, et dont l'aspect nous reporte dans un monde inconnu. Là sont les premiers essais de ces formes aujourd'hui si perfectionnées, de ces outils, de ces armes si utiles ou si dangereuses ; et ces essais de l'homme primitif, on les regarde avec dédain, et pourtant le premier qui a inventé la hache à tailler le bois, ne fût-elle que de pierre, a mieux mérité de cette humanité que ce conquérant qui a gagné dix batailles. »

Rendu à la vie privée, Boucher de Perthes s'occupa avec une nouvelle ardeur de la science qu'il avait dénommée l'archéogéologie; c'est surtout dans ce but qu'il parcourut tous les pays de l'Europe à différentes époques malgré son âge déjà avancé. Parmi ses adversaires, le plus incrédule de tous au début a été le docteur Rigollot, d'Amiens. Son hostilité au système établi par le géologue abbevillois était un parti-pris, puisque jamais il n'avait visité ses collections. Enfin, au bout de sept ans, en 1853, le sceptique docteur se rendit à Abbeville avec M. Hébert presque incognito, pendant une absence de Boucher de Perthes ; il examina ses découvertes et le

terrain où elles avaient été faites. Rentré à
Amiens, il étudia les graviers de Saint-Acheul
et fit lui-même des recherches; au bout de
quatre ans, il avait recueilli des centaines
d'outils à Saint-Acheul. Il fit connaître ses
découvertes dans un *Mémoire* que publia la
Société des Antiquaires de Picardie. Il établissait dans son travail que les silex travaillés
ne se trouvaient ni dans le sol arable, ni dans
l'argile à briques, mais bien au-dessous, à
3^{m}50, à 6 ou à 7^{m}50 au-dessous de la surface,
comme l'avait toujours dit Boucher de Perthes.

« La conclusion légitime à tirer de ces faits,
dit Ch. Lyell, était donc que ces outils et
ceux qui les avaient fabriqués étaient contemporains des mammifères éteints, enfouis
dans les mêmes couches. » (*L'Ancienneté de
l'homme*, trad. par M. Claper, 1864, p. 98.)

« Cependant la nouvelle croyance, dit
J. Lubboch, rencontra peu de faveur. »

Le docteur Rigollot fut aussi accusé de
s'être laissé duper par les ouvriers qui fabri-
quaient les outils qu'il avait trouvés. L'Institut
admit le docteur Rigollot au nombre de ses
membres après la publication de son Mé-

moire, qui était son plus beau titre de gloire, et, par une inconséquence inqualifiable, il ne s'occupait aucunement des découvertes de Boucher de Perthes. Le rapport des deux commissions nommées par l'Institut restait toujours à faire. Aussi l'éminent Abbevillois s'adressa à d'autres Sociétés savantes ; mais elles ne l'accueillirent pas mieux, notamment la Société des Antiquaires de Picardie, réunie à Laon en 1858, qui ne prit pas cette question au sérieux. Elle prétendit que sa collection était « un ramassis sans valeur de pierres recueillies au hasard, parce qu'on en trouvait partout. » Boucher de Perthes répondit au procès-verbal par un mémoire intitulé : *Réponse à MM. les Antiquaires et Géologues présents aux assises archéologiques de Laon.*

« Au surplus, écrivait Boucher de Perthes à Dusevel le 18 mars 1859, ce n'est ni à Laon, ni à Amiens que ce procès sera jugé, pas même à Paris, où nul ne veut l'entendre : il le sera en Angleterre. Il l'est déjà en Amérique ; on y continue la recherche du fossile humain, on croit déjà l'avoir trouvé. Je crois l'avoir découvert aussi plus d'une fois; mais que répondre à ces mots qu'on me jette sans cesse à la face : *ce n'est pas fossile*, ou bien : *votre os est trop détérioré pour qu'on puisse le déterminer.* »

Quelques mois plus tard, le 18 octobre, il écrivait à M. Alfred Maury : « J'ai enfin gagné mon procès sur l'antiquité de l'homme, en Angleterre, du moins. La Société Royale de Londres et la Société Géologique ou leurs délégués, enfin M. Charles Lyell, après avoir fouillé les bancs d'Abbeville et d'Amiens, y ont rencontré tout ce que j'y avais trouvé. Mieux encore, ils ont ouvert en Angleterre des terrains analogues, et les os des mêmes éléphants fossiles et des silex également taillés en hache y ont été découverts. »

Comme il l'avait prévu, c'était de l'Angleterre que devaient venir ses plus fervents adeptes. « Enfin, dit J. Lubbock, le flot tourna en sa faveur. En 1859, le docteur Falconer, passant par Abbeville, visita sa collection et fit connaître l'important résultat de sa visite à M. Prestwich, à M. Evans et à d'autres géologues anglais. En conséquence, la vallée de la Somme fut visitée en 1859 et 1860, d'abord par MM. Prestwich et Evans, et, peu de temps après, par sir Ch. Lyell, sir R. Murchison, MM. Busk, Flower, Mylne, Godwin-Austen et Galton; les professeurs Henslow, Ramsay, Rogers; MM. H. Christy, Rupert Jones, James Wyatt et d'autres géologues, parmi lesquels j'étais, faisaient en même temps ce voyage. Aussi M. l'abbé Cochet, dans son *Rapport adressé à M. le Sénateur Préfet de la Seine-Inférieure*, (1860), après un juste tribut de louanges à M. Boucher de Perthes et au docteur Rigollot, ne fait-il que rendre justice à nos compatriotes, en ajoutant : « Mais ce sont les géologues » anglais, en tête desquels il faut placer d'a- » bord MM. Prestwich et Evans... qui... ont » fini par élever à la dignité de fait scienti- » fique la découverte de M. Boucher de » Perthes. »

Outre les savants anglais, dont parle M. Lubbock, qui visitèrent les collections de Boucher de Perthes et la vallée de la Somme, il faut encore citer MM. de Quatrefages, de Verneuil, Lartet, Collomb, etc., qui se rendirent à Abbeville au mois d'avril 1860, et adoptèrent le système de Boucher de Perthes.

Celui qui contribua le plus à faire admettre ce système en Angleterre fut assurément M. Prestwich. Il se rendit une première fois à Abbeville et à Amiens au mois d'avril 1859. Il visita la collection de Boucher de Perthes et fit une reconnaissance des lieux, ce qui contribua à lever ses doutes. De retour à Londres, il écrivait à Boucher de Perthes le 14 mai suivant : « Après avoir attentivement examiné les gisements de Moulin-Quignon, de Saint-Gilles à Abbeville et de Saint-Acheul à Amiens, j'ai la conviction que l'opinion que vous avez avancée en 1847 dans votre ouvrage sur les *Antiquités celtiques et antédiluviennes*, que ces haches se trouvent dans un terrain vierge et associées avec les ossements des grands mammifères, est juste et bien fondée. »

Le savant géologue anglais revint à Abbeville et à Amiens à la fin de mai 1859 avec plusieurs de ses collègues ; l'un d'eux fut assez heureux pour découvrir lui-même, en place, à Saint-Acheul, un silex travaillé.

« Ayant ainsi constaté de la manière la plus positive la vérité de la découverte de Boucher de Perthes, M. Prestwich s'empressa de la faire connaître aux diverses sociétés savantes de l'Angleterre. Ce furent aussi les communications du savant Anglais à l'Institut de France, qui forcèrent les membres de l'Académie des sciences à classer enfin cette importante découverte parmi les faits scientifiques. »

N'oublions pas de parler d'un autre adversaire des idées émises par Boucher de Perthes: nous voulons dire M.F. de Saulcy. Tout d'abord, ce savant écrivit dans un journal un assez long article sur les prétendues découvertes d'antiquités antédiluviennes d'Abbeville et de Saint-Acheul. Il concluait à la non-acceptation de ce fait, mais il demandait que les géologues se rendissent sur place afin de faire bonne justice des erreurs de Boucher de Perthes et de celles du Dr Rigollot; mais cet appel ne fut pas entendu.

En 1858, la Société des Antiquaires de Picardie se réunissait à Laon, et M. de Saulcy assistait à la première séance ; la question à

l'ordre du jour était celle des antiquités antédiluviennes ; M. de Saulcy prit part au débat,
et il conclut dans le sens de la très grande
majorité, que le fait restait toujours entaché
d'incertitude.

Mais quelques mois plus tard, M. de Saulcy,
moins opiniâtre que M. É. de Beaumont,
écrivait :

« Si les plus illustres géologues français ont
cru au-dessous d'eux d'aller constater sur
place l'existence ou la non-existence de l'industrie humaine dans le diluvium proprement
dit, des géologues anglais, un peu plus désireux d'éclaircir une question de cette impor-
tance, ont fait, à plusieurs reprises, le voyage
d'Abbeville et d'Amiens, et ont vu, *de leurs
yeux vu*, des haches de silex en place dans le
diluvium absolument vierge. Dès lors, pour
moi, la discussion est close, et j'admets aujourd'hui la réalité du fait capital signalé pour
la première fois par M. Boucher de Perthes.
C'est là une découverte du premier ordre. Je
saisis donc avec empressement l'occasion qui
se présente de faire amende honorable et
d'exprimer à l'heureux auteur de cette décou-

verte, mon regret bien sincère de la part d'ennuis que j'ai dû nécessairement lui donner, en révoquant publiquement en doute des faits matériels dont, pour lui, la réalité était claire comme le jour... Il n'est jamais trop tard pour dire son *Confiteor*, et c'est ce que je fais aujourd'hui. » Et M. de Saulcy concluait ainsi : « Ceux qui niaient *à priori* et ceux qui, comme moi, doutaient, feront bien désormais d'en prendre leur parti.

» La découverte de M. Boucher de Perthes est réelle ; des antiquités antédiluviennes, c'est-à-dire des pierres façonnées par la main de l'homme, se rencontrent dans le diluvium, à côté des ossements des grands mammifères d'espèces éteintes, et, une fois de plus, il faut s'incliner devant la brutalité inéluctable d'un fait. »

Quand, en 1862, Boucher de Perthes se rendit à Compiègne pour voir l'empereur, sa première visite fut pour M. de Saulcy, qu'il ne connaissait point. Il le « reçut à bras ouverts et comme quelqu'un que depuis long-temps on voulait voir. De mon côté, ajoute Boucher de Perthes, j'éprouvais le même désir.

M. de Saulcy, après avoir été dix ans mon
adversaire dans la question de l'antiquité de
l'homme, était devenu l'un de mes plus chauds
défenseurs, et c'est un des savants français
qui, depuis, ont le plus contribué à tirer ce
Lazare du tombeau. »

Jusqu'alors les savants, Cuvier en tête,
n'avaient pas cru à la contemporanéité de
l'homme et des grands mammifères. Mais
Boucher de Perthes écrivait en 1849 : « Avant
peu d'années, ce qui paraît aujourd'hui in-
croyable sera une vérité banale, et la découverte d'ossements humains fossiles, qui ne
peut manquer d'avoir lieu tôt ou tard, viendra
à l'appui de ce que j'avais avancé théorique-
ment, il y a douze ans ou plus, dans mes
rapports à la Société d'Émulation d'Abbeville.
La raison comme la tradition nous dit qu'il
devait exister en effet une race d'hommes
antédiluvienne ; qu'elle était contemporaine
de ces grands mammifères qui ne peuvent
vivre que dans les mêmes conditions de
l'homme, et qu'on a rencontrés partout où
l'homme existe. »

Plusieurs travaux tendant à prouver que

l'homme avait été contemporain de certaines espèces perdues, venaient d'être publiés en France et à l'étranger, lorsque, le 28 mars 1863, des ouvriers découvrirent la moitié d'une mâchoire humaine à 4^{m}52 de la superficie, dans la carrière de Moulin-Quignon; l'existence de deux haches en silex fut ensuite constatée par M. de Quatrefages dans le même dépôt de gravier.

La nouvelle de cette découverte eut un retentissement immense ; des savants accoururent à Abbeville de tous côtés. Un éminent paléontologiste anglais, le Dr Falconer, s'y rendit l'un des premiers afin de bien étudier cette découverte. Boucher de Perthes lui fit cadeau d'une molaire humaine qu'il dit avoir été trouvée dans la même carrière. C'est cette malencontreuse dent qui fut cause d'une sérieuse contestation de la part du Dr Falconer et qui contribua peut-être plus tard à entretenir l'incrédulité parmi quelques rares personnes.

Dès que M. de Quatrefages fut libre, il se rendit à Abbeville afin de pouvoir constater sur place la valeur scientifique de la nouvelle découverte du savant Abbevillois. L'éminent professeur d'anthropologie du Muséum d'histoire naturelle rencontra à Abbeville le Dr Falconer; ils visitèrent ensemble le lieu où la mâchoire avait été découverte. L'espèce d'enquête qu'ils firent les conduisit à une conclusion identique; ils acceptèrent comme incontestables les faits annoncés par M. de Perthes, mais ils se promirent de faire subir aux objets eux-mêmes un examen ultérieur.

Rentré à Paris, M. de Quatrefages rédigea une *Note* sur cette découverte, et la présenta, ainsi que la mâchoire qui lui avait été confiée par Boucher de Perthes, à l'Académie des sciences, dans sa séance du 20 avril 1863. « Il va sans dire que je ne présente la Note actuelle, disait M. de Quatrefages en terminant, que comme un premier aperçu. L'Académie a pu voir déjà que les questions anatomiques et anthropologiques soulevées par ce fossile humain sont nombreuses et délicates. Pour être résolues avec exactitude, elles exigeront des recherches minutieuses et longues, que je ne pouvais faire en si peu de

temps et au milieu d'occupations impérieuses.
Mais j'ai pensé qu'elle ne s'en intéresserait pas
moins à ces quelques détails.

» Sans doute, dans une question aussi grave,
un fait *unique*, quelque bien démontré qu'il
paraisse, ne peut être considéré comme
apportant la solution définitive. Mais, j'en ai
la conviction, il en sera des fossiles humains
comme des *haches* taillées de main d'homme.
Dès que l'attention publique a été appelée sur
ces dernières, on en a rencontré, non plus
seulement à Abbeville, où M. de Perthes les
avait trouvées le premier, mais partout. Aujourd'hui que l'existence de restes humains
dans ces mêmes couches semble être mise
hors de doute, on ne manquera pas d'en trouver d'autres, s'ils y existent réellement, par
cela seul qu'on les cherchera. Mais quelles
que soient les richesses mises au jour, il y
aurait injustice criante à oublier que c'est aux
convictions ardentes, à la persévérance infatigable de M. de Perthes qu'on aura dû
cette double découverte, une des plus importantes à coup sûr que pussent faire les sciences
naturelles. »

Mais le Dr Falconer, dans une lettre que publia le *Times* le 25 avril, déclara qu'il était convaincu de la fausseté du fossile de Moulin-Quignon. Cette conviction résultait pour lui de l'examen qu'il avait fait de la dent que lui avait donnée Boucher de Perthes, et de la hache recueillie par lui-même dans la carrière non loin de la mâchoire, hache qu'il avait reconnue être l'œuvre d'un faussaire. Cette lettre, émanant « d'un juge aussi haut placé, » jeta le doute dans l'esprit de quelques-uns de ceux qui avaient cru.

Avant la publication de cette lettre, M. de Quatrefages avait rédigé une seconde *Note* qu'il lut à la séance de l'Institut le 27 avril. Pour lui, les silex et la mâchoire de Moulin-Quignon n'étaient point faux. Il avait soumis à l'examen de M. Delesse ces divers objets, et la conclusion de ce dernier était celle-ci : « Il me semble que les haches en silex et surtout la mâchoire humaine sont bien réellement des fossiles authentiques. »

Quelques jours après, plusieurs savants d'un mérite incontestable, après l'examen de la mâchoire et des haches, furent de l'avis de

M. de Quatrefages, et déclarèrent que ces différents objets étaient de la plus haute antiquité.

Nous lisons dans une *Note* de M. Milne-Edwards, présentée à l'Académie des sciences dans la séance du 18 mai 1863 : « Partagés ainsi d'opinion, mais également désireux de connaître la vérité, MM. Falconer et de Quatrefages résolurent de reprendre en commun l'examen des points en litige, et d'ouvrir sur ce sujet une enquête à laquelle prendraient part quelques-uns de leurs confrères. M. Falconer annonça qu'il se rendait à Paris, accompagné de MM. Prestwich, Carpenter et Busk, tous membres de la Société Royale de Londres ; il engagea MM. Lartet, Desnoyers et Delesse à prendre part au débat, et, au nom de tous ces savants, il me pria de diriger les travaux de la réunion, comme modérateur, disait-il, entre les partisans d'opinions contraires. »

Ainsi composée, cette commission se réunit une première fois au Muséum le 9 mai. MM. Delafosse, Daubrée, Hébert, Gaudry, l'abbé Bourgeois, Buteux et Alphonse Edwards prirent part aux discussions.

Deux longues séances furent consacrées principalement à l'examen des haches de Mautort, de Menchecourt, de Saint-Acheul, comparativement à celles de Moulin-Quignon. Ensuite on procéda à une nouvelle étude de la molaire donnée à M. Falconer par Boucher de Perthes. Enfin commença l'étude de la mâchoire. Mais des doutes s'étaient élevés des deux côtés; la commission décida alors de se rendre sur les lieux; MM. Hébert, de Vibraye, Gaudry, l'abbé Bourgeois, Delanoue, Garigou, Alphonse Edwards, Bert, le Dr Vaillant, se joignirent à la commission.

Un membre de cette excursion, M. Garigou, écrivit depuis : « Du moment où la commission arriva à Abbeville, l'aspect des faits changea complètement. Une troupe de seize ouvriers fut employée de sept heures du matin à cinq heures du soir avec des pioches, sous l'inspection de quelques-uns des membres de la réunion, à abattre la partie non remaniée de la tranchée, et pendant la journée cinq haches de pierre furent découvertes en place dans des circonstances qui rendent impossible le doute sur l'authenticité de leur position naturelle dans la coupe du terrain.... Ce qui frappa le plus les membres anglais, ce fut que, de ces cinq haches, une seule présentait les caractères qu'ils donnaient comme une preuve de distinction des spécimens d'une vraie antiquité ; les quatre autres étaient identiques, dans leur apparence générale, avec celles que, dans les réunions précédentes de la commission, ils avaient figurées comme non authentiques. Si les premières étaient regardées comme authentiques, cette décision entraînait aussi l'authenticité des dernières, qui avait été rejetée. On considéra ensuite l'évidence de la découverte de la mâchoire dans la couche noire, et cette évidence parut appuyée par de tels témoignages qu'elle fut unanimement acceptée par la commission. »

Voici, de son côté, ce que dit M. Milne-Edwards à propos de la mâchoire dans le savant travail que nous avons déjà cité : « En sciant la mâchoire trouvée par M. Boucher de Perthes dans la couche noire, nous avions remarqué dans l'intérieur du canal de l'artère dentaire un peu de sable grisâtre qui ne pouvait provenir de cette couche, et cette circons-

10

tance avait été considérée par quelques membres de la réunion comme fournissant un
argument puissant contre ceux qui pensaient
que cet os reposait de temps immémorial dans
le terrain diluvien de Moulin-Quignon ; car
dans les coupes géologiques de cette carrière,
qui avaient été placées sous nos yeux, nous
n'apercevions aucun dépôt ayant ce caractère.
Mais à peine eûmes-nous fait mettre à vif la
section, que l'un de nous fit remarquer immédiatement au-dessus de la couche noire plusieurs lits très minces de sable grisâtre qui
nous a paru à tous identique au sable précédemment observé dans l'intérieur de la mâchoire. Cette couche grise se trouvait à quelques
centimètres du niveau où la mâchoire avait
été rencontrée, et on concevait facilement que
si l'os, après avoir séjourné quelque temps dans
de l'eau chargée de ce sable, avait été exposé
à l'action de quelque petit remous, il aurait
pu être enfoui plus profondément dans le
gravier noirâtre sous-jacent. Ainsi, l'existence
de ce sable grisâtre dans l'intérieur de l'os,
qui la veille nous avait paru fournir un argument plausible en faveur de la non authenticité

de la découverte M. de Boucher de Perthes, est devenue tout à coup une preuve très forte du séjour prolongé de l'os dans le lieu où ce savant l'avait trouvé.

» Cet incident contribua, je pense, à ébranler beaucoup la conviction des paléontologistes qui avaient attribué à une supercherie la présence de la mâchoire dans le diluvium de Moulin-Quignon, et du reste les résultats de la fouille qui se poursuivait activement sous les yeux de la réunion ne tardèrent pas à convaincre tous les incrédules. »

Le même savant ajoute : « Le désir d'arriver à la connaissance de la vérité était l'unique sentiment dont étaient animés tous les paléontologistes qui, de Londres et de Paris, s'étaient rendus à Abbeville pour étudier les questions dont je viens d'entretenir l'Académie, et dès que l'obscurité dont le sujet était d'abord entouré disparut ainsi, tous les membres de cette réunion d'amis adoptèrent la même opinion. Écartant toute idée de fraude, ils ont reconnu, de la manière la plus franche, qu'il ne leur paraissait plus y avoir aucune raison pour révoquer en doute l'authenticité de la découverte faite par M. Boucher de Perthes d'une mâchoire humaine dans la partie inférieure du grand dépôt de gravier, d'argile et de cailloux de la carrière de Moulin-Quignon.

» Ce n'est pas sans quelque satisfaction que j'ai vu de la sorte les opinions de M. de Quatrefages, de M. Lartet, de M. Desnoyers, de M. Delesse et des autres naturalistes français réunis à Moulin-Quignon, obtenir la haute sanction d'hommes dont l'autorité est si grande dans la science et dont le jugement est d'autant plus précieux qu'il a été plus lentement formé. »

Ainsi, l'authenticité de la mâchoire de Moulin-Quignon avait été solennellement reconnue. Le Dr Falconer, par un procédé qui lui fait le plus grand honneur, rétracta, dans une lettre au *Times* du 21 mai 1863, l'opinion qu'il avait émise dans ce même journal un mois auparavant.

Cependant il restait encore des incrédules, notamment M. Élie de Beaumont, qui, avec Cuvier, ne croyait pas à la contemporanéité de l'homme et de l'*elephas primigenius;* en outre, il prétendait que les terrains de transport de Moulin-Quignon n'appartenaient pas au diluvium proprement dit; bref, il mourut dans l'impénitence finale.

M. Pruner-Bey examina la mâchoire de Moulin-Quignon au point de vue anthropologique; il reconnut qu'elle appartenait à un individu de petite taille et d'un certain âge, que cet individu était très probablement brachycéphale, et qu'il était de l'âge de pierre; enfin que la race à laquelle il appartenait « a laissé des descendants reconnaissables parmi les vivants du haut nord de l'Europe, en suivant la lisière occidentale de notre continent jusqu'en Sicile. »

A la suite d'un autre examen, le même anthropologiste reconnut que cet individu était d'une « race tout à fait primitive et dont il retrouvait un type dans les Lapons, dans les Grisons et dans les Basques, peuples les plus anciennement connus en Europe au point de vue historique. Cette opinion fait voir combien il eut été difficile à des ouvriers, s'ils avaient voulu tromper les savants, de trouver une mâchoire présentant des caractères aussi précis que ceux indiqués par le savant docteur, et aussi bien en rapport avec les circonstances, »

Le 11 août 1863, Boucher de Perthes écrivait à M. Pallavicino : « Ce n'est pas sans peine que je trouve l'instant de vous écrire; ma maison ne désemplit pas, et je ne sais plus où me réfugier pour être à l'abri des savants. Depuis cinq mois, tous les géologues de l'Europe y sont, je crois, venus, et j'ai de la géologie par-dessus la tête. Jamais mâchoire n'en a fait plus remuer d'autres que celle de Moulin-Quignon; elle a manqué de mettre en guerre la France avec l'Angleterre.

» J'ai toujours pour adversaire M. Élie de Beaumont, qui ne veut pas démordre de l'opinion de Cuvier, laquelle était bonne il y a trente ans, mais qui ne l'est plus : tout marche ici-bas, même la science. Je n'en veux pas pour cela à M. Élie de Beaumont; c'est au total un des hommes dont la France s'honore, et qui, à un grand savoir, joint un noble cœur et un beau caractère. »

La croix avait été promise à Boucher de Perthes dès 1812; ce ne fut qu'en 1831 qu'elle lui fût accordée. Trente-deux ans plus tard, le 14 août 1863, un décret de l'empereur le nommait officier de la Légion d'honneur en même temps que M. de Quatrefages. La découverte de la mâchoire de Moulin-Quignon, comme on le pense bien, n'y fut point étrangère. Le nom de Boucher de Perthes était suivi du qualificatif *savant*, titre contre lequel il se récria.

Disons quelques mots des publications scientifiques du laborieux douanier. Dans son livre *de la Création,* il avait émis l'idée que tôt ou tard on finirait par trouver des fossiles humains, des traces d'hommes soi-disant antédiluviens. Il résolut cette question à l'aide de ses recherches et de ses nombreuses découvertes, rapportées dans les *Antiquités celtiques et antédiluviennes,* son œuvre scientifique capitale (1847-1864, 3 vol. gr. in-8°).

L'impression du premier volume de cet ouvrage fut commencée en 1844, et la première partie en était aussitôt déposée à l'Institut par l'auteur. Le volume ne parut en entier qu'en 1846, sous le titre : *De l'Industrie primitive et des Arts à leur origine.* Les libraires n'en vendirent pas cent exemplaires ; pas un journal n'en rendit compte, et ce livre passa inaperçu. En 1847, le titre des exemplaires restés en librairie fut changé en celui-ci : *Antiquités celtiques et antédiluviennes*, titre qui a été donné ensuite aux deux tomes suivants.

L'apparition du premier volume fut accueillie avec la plus grande défiance ou la plus profonde indifférence. L'auteur resta longtemps seul de son avis ; mais, devant des faits qui lui paraissaient irrécusables, il n'en continua pas moins ses investigations. Jusque-là, les savants s'étaient bien occupés des antiquités gauloises ; ils avaient pu donner quelques explications relativement aux dolmens, aux menhirs, aux pierres fiches ou autres monuments druidiques, mais aucun n'avait été plus loin. Il appartenait à Boucher de Perthes de parler le premier de cette race d'hommes qui devaient avoir laissé des traces de leur passage sous le sol que nous foulons.

Les recherches faites jusqu'alors pour découvrir des traces de l'homme primitif étaient restées sans succès ; cependant il n'en existait pas moins une assez vive controverse à ce sujet entre les savants. D'après une croyance universelle, une foule d'hommes devaient avoir été les contemporains de ces monstrueux quadrupèdes dont on avait découvert les os.

Dès 1836, Boucher de Perthes trouvait près d'Abbeville, dans les bancs quaternaires (*diluvium*) des silex travaillés, ce qui lui donna l'éveil. Plus tard, il fit ouvrir un certain nombre de tranchées dans des terrains semblables sur une zone assez étendue, et découvrit des armes, des haches, des instruments, des pierres façonnées de diverses manières; ces vestiges d'antiquité prouvaient des traces de l'espèce humaine.

En général, on accueillit assez bien la première partie du premier volume, relative à tout ce qui se rapporte aux peuples celtiques, dont elle montre les armes et les outils de pierre, les ustensiles de ménage, les instruments d'agriculture, etc. Ces curieuses découvertes reculaient les limites de notre histoire. Mais la seconde partie de ce volume, qui traite des antiquités antédiluviennes, devait éveiller bien des préventions et blesser plus d'une susceptibilité; c'est ce qui eut lieu; cette partie

11

fut condamnée avant que d'être lue. C'était
en vain que l'auteur offrait des silex portant
des traces de la main de l'homme, recueillis
par lui dans le diluvium; la grande majorité
des géologues se prononça contre cet ouvrage.
Lorsque l'on a adopté une opinion, bonne ou
mauvaise, on n'aime pas à y revenir. On ne
pouvait mettre en doute la bonne foi de l'auteur, mais on disait qu'il avait cru voir et
qu'il n'avait rien vu; qu'il s'était trompé sur
la nature des terrains; que les bancs et les
dépôts ossifères qu'il avait explorés ne pouvaient être quaternaires et diluviens, et enfin
que les silex n'étaient pas ouvrés. Ces deux
dernières objections étaient graves, mais elles
tombaient à la seule inspection des lieux;
quiconque avait la moindre notion de géologie
reconnaissait immédiatement le diluvium.
L'absence du travail humain sur les pierres
recueillies disparaissait à l'examen; du premier coup d'œil on voyait que ces haches, ces
couteaux, ces outils de formes si diverses,
mais tous propres à leur œuvre, ne pouvaient
être la suite d'accidents ou d'un simple jeu du
hasard. Alors on prétendit que ces silex

venaient de la superficie, et qu'ils avaient été façonnés par les ouvriers, puis introduits dans les bancs. Cette objection tombait encore à l'aspect de ces bancs, dont la position horizontale laissait apercevoir toute infiltration ou introduction verticale. En outre, ces pierres, rapprochées des couches, en avaient la couleur; la diversité des nuances, plus ou moins jaunes, brunes ou ferrugineuses, indiquait exactement de quel lit chacune sortait, et cette coloration n'était pas purement superficielle; elle avait pénétré la pâte du silex et en faisait partie. Tout cela était palpable pour tous ceux qui voulaient ouvrir les yeux, mais ce fut le petit nombre; la majorité continua à nier; elle s'entêta à ne pas vouloir s'en assurer, et pourtant cette majorité se composait d'hommes éclairés, disons plus, de savants. Voici ce que Boucher de Perthes écrivait relativement à son premier volume : « Les plus indulgents me traitèrent de rêve-creux; les moins tendres m'accusèrent d'hérésie, et un compte-rendu publié dans les mémoires d'une société littéraire me qualifia d'insensé; bref, ni l'école ni la presse ne voulurent croire à mon livre, où

l'on ne vit qu'une idée fixe et la rêverie d'un
cerveau malade, et cela sur parole, car bien
peu l'avaient lu, et personne n'avait vu ce
qu'il décrivait. Ainsi vont les choses ici-bas;
on aime mieux nier que voir; c'est plus simple, on n'a pas besoin de se déranger. »

Boucher de Perthes fit paraître son second
volume des *Antiquités celtiques et antédiluviennes* en 1857. Après la publication du premier volume, il n'avait rien négligé pour
obtenir des preuves plus convaincantes. Ce
n'est plus aux seuls monuments du pays qu'il
se borna; à force de démarches et de dépenses, il a obtenu de ces antiquités de pierre de
toutes les parties du monde, et, pour être sûr
de leur origine, il a été en chercher lui-même,
non seulement dans le Nord, en Danemarck,
en Suède, en Norwège, en Lithuanie, en
Pologne, en Russie, mais aussi dans le Midi,
où ces pierres sont plus rares, en Espagne,
en Italie, en Sicile, en Grèce, à Constantinople,
sur les bords de la mer Noire et les deux rives
du Danube; enfin, il a poussé ses courses jusqu'en Asie et dans nos possessions d'Afrique.

Ce volume complète, par de nouvelles

preuves, qu'il est impossible de récuser, les faits présentés dans le premier et en rapporte beaucoup d'autres. C'est un exposé des recherches et des études du savant Abbevillois, et de ses courageux efforts pour faire partager à ses contemporains la conviction qui était entrée dans son esprit, et qui rencontrait l'incrédulité des gens diplômés, dont les connaissances se trouvaient bouleversées par cette découverte imprévue, et dont, avant tout examen, ils niaient toutes les démonstrations et les preuves.

Boucher de Perthes ne se rebuta point; il pensait bien que tôt ou tard on lui rendrait justice; il multiplia les écrits; il accumula les preuves; sa collection s'enrichit. Il fallut enfin que ceux de ses contradicteurs, qui consentirent à voir, se convainquissent. Alexandre Brongniart et le Dr Rigollot avaient été les premiers, après l'apparition du premier volume, à porter une attention sérieuse sur les travaux de Boucher de Perthes. Le Dr Rigollot, éclairé par la découverte d'objets analogues à Saint-Acheul, déclara consciencieusement qu'il s'était trompé. Ce fut le premier pas vers le triomphe de la vérité à laquelle le géologue abbevillois se consacrait avec tant de persévérance. Quelques-uns de ceux qui avaient nié avant de voir vinrent s'édifier et s'en retournèrent convaincus.

Les Anglais, toujours en quête des vérités qui peuvent jeter du jour sur l'histoire du globe, furent frappés de l'esprit de conviction que respirait l'ouvrage du savant français. M. Roach Smith, archéologue distingué, fut le premier qui parla des découvertes de Boucher de Perthes. S'il ne porta point immédiatement la conviction dans l'esprit de ses compatriotes, du moins ses paroles déterminèrent-elles plusieurs savants à visiter les fouilles faites à Abbeville et à Amiens. Le Dr Falconer, puis MM. J. Prestwich et John Evans visitèrent la collection de Boucher de Perthes et furent assez heureux pour assister à l'extraction de quelques silex trouvés dans les sablières de Menchecourt et de Saint-Acheul.

L'un des géologues les plus justement en renom de l'Angleterre et du monde savant, M. Prestwich, fut pleinement satisfait de l'entrevue qu'il eut avec Boucher de Perthes, et pénétré. Dès ce moment, les découvertes de porta en Angleterre la conviction dont il était l'auteur des *Antiquités celtiques* firent un pas immense. Toutes les sociétés savantes de la France et de l'étranger s'occupèrent à faire fouiller le diluvium, et, en beaucoup d'endroits, on trouva des haches de pierre, aussi bien qu'à Abbeville et qu'à Amiens. Il fallut dès lors que les incrédules se rendissent à l'évidence, et le triomphe n'en fut que plus grand pour le savant dont la persévérance avait su venir à bout de tant de difficultés.

Un incrédule, qui se convertit ensuite, M. F. de Saulcy, écrivait en 1859 : « Dénégations, railleries, dédains, rien absolument ne fut épargné à l'auteur, que les quolibets de la science se prétendant infaillible ne rebutèrent pas, et qui continua bravement à défendre sa thèse, et à soutenir que le diluvium contenait des haches en silex, plus grossières que les haches dites celtiques, mais parfaitement reconnaissables, et, en outre, une foule d'autres objets de pierre qui décelaient d'une manière évidente un travail humain. Bref, M. Boucher de Perthes passa

pour un rêveur, pour une espèce d'illuminé,
et la science crut faire merveille en le laissant
dire, sans s'occuper autrement des faits qu'il
prétendait faire entrer de vive force dans le
domaine des connaissances positives. »

Le troisième volume de cet important
ouvrage est le résumé des discussions qu'a
soulevées la question de l'antiquité de l'homme,
surtout en Angleterre : « Il nous apprend les
nouveaux combats que l'auteur a eu à soutenir. On y trouve l'exposé de ses dernières
découvertes, dont celle de la mâchoire de
Moulin-Quignon n'est pas la moins intéres-
sante. Puis vient le récit des incidents qu'elle
a fait naître, des débats qui en surgirent, et
enfin la réunion à Paris et à Abbeville d'un
jury scientifique, congrès suivi d'un traité de
paix, le premier peut-être qui jamais ait été
signé entre savants. »

Se fondant sur les découvertes de silex
façonnés de main d'homme trouvés dans le
diluvium des environs d'Abbeville, Boucher
de Perthes avait affirmé que l'homme était
contemporain des grands mammifères recons-
truits par Cuvier. Cette question, l'une des

plus sérieuses qui aient été soumises au jury
des assises archéologiques tenues à Laon en
1858, fut rejetée comme n'étant point assez
éclairée. Boucher de Perthes, justement blessé
d'une décision prise sans examen et en dépit
des témoignages donnés à l'appui de ses
découvertes, écrivit une protestation sous ce
titre : *Réponse à MM. les Antiquaires et
Géologues présents aux assises archéologiques de Laon.* Il adressa cette protestation
à la Société des Antiquaires de Picardie, qui
eut le bon esprit de l'insérer dans son bulletin,
car cette lettre fait briller dans tout leur jour
les vérités que le savant archéologue a exhu-
mées du terrain où elles gisaient depuis des
siècles, et qui proclament d'une manière
irrévocable qu'une race d'hommes exista en
même temps que les grands animaux dont
les débris sont retrouvés au même lieu.

De 1860 à 1865, le laborieux géologue
abbevillois fit paraître successivement plusieurs brochures relatives à ses découvertes.
Dans l'*Homme antédiluvien*, on trouve l'exposé des recherches et des études de Boucher
de Perthes sur l'homme primitif; on y voit

les courageux efforts qu'il déploya pour faire
partager ses convictions. Dans une autre
brochure, il a résumé l'histoire des luttes
qu'il eut à soutenir contre l'incrédulité qui
s'attache à toute idée nouvelle et à tout ce
qui détruit une opinion préconçue (*De la mâchoire humaine de Moulin-Quignon*). Cette
brochure était suivie d'un travail intitulé :
Des outils de pierre; partant de ce point que
lorsque l'homme fut placé sur la terre, il eut
à lutter contre diverses espèces d'animaux
qui lui étaient supérieurs par la force, l'auteur
en a induit qu'il « s'ingénia à suppléer à l'in-
suffisance de ses organes et à en étendre la
portée; il comprit ce que n'a jamais conçu
l'animal, que son bras pouvait atteindre au-
delà de sa longueur. Alors, à ce bras trop
court, il ajouta une branche qu'il arracha au
premier arbre. A la fragilité de ses ongles
ou à la débilité de ses mains impuissantes
à faire ce que la griffe du moindre quadru-
pède opérait en un instant, il remédia en
s'aidant du test tranchant de quelque mol-
lusque ou d'un caillou qu'il aiguisa et qui
devint la première pioche; c'est ainsi qu'il

put extraire du sol les racines dont l'animal, en s'en nourrissant, lui avait appris la qualité. »

En terminant cette trop courte biographie d'un homme qui s'est acquis dans sa longue carrière des titres si divers à la reconnaissance publique, nous dirons avec l'un de ses panégyristes que l'on rencontre de par le monde des hommes jaloux de toutes les gloires qu'importune toujours le bruit qu'ils ne font pas eux-mêmes; qu'humiliés par le bien qu'il leur faut constater dans autrui, ils tâchent souvent de s'en venger; qu'ils minent sourdement le mérite des autres et font même le procès des intentions, comme si les intentions n'étaient pas renfermées dans un sanctuaire impénétrable à l'œil humain. Mais il ne faut permettre « à personne, même par la plus légère insinuation, d'être injuste, d'être ingrat envers la mémoire de notre commun bienfaiteur. *Nolite tangere!* »

———

POÉSIES

———

La petite Mendiante.

C'est la petite mendiante
Qui vous demande un peu de pain;
Donnez à la pauvre innocente,
Donnez, donnez, car elle a faim;
Ne rejetez pas ma prière!
Votre cœur vous dira pourquoi....
J'ai six ans, je n'ai plus de mère;
J'ai faim, ayez pitié de moi!

Hier, c'était fête au village,
A moi, personne n'a songé;
Chacun dansait sous le feuillage,
Hélas! et je n'ai pas mangé.
Pardonnez-moi si je demande,
Je ne demande que du pain;
Du pain! je ne suis pas gourmande;
Ah! ne me grondez pas, j'ai faim.

N'allez pas croire que j'ignore
Que dans ce monde il faut souffrir;

Mais je suis si petite encore !
Ah ! ne me laissez pas mourir.
Donnez à la pauvre petite,
Et, pour vous, comme elle prîra !
Elle a faim, donnez, donnez vite,
Donnez, quelqu'un vous le rendra.

Si ma plainte vous importune,
Eh bien ! je vais rire et chanter ;
De l'aspect de mon infortune
Je ne dois pas vous attrister.
Quand je pleure, l'on me rejette ;
Chacun me dit : « Eloigne-toi ! »
Ecoutez donc ma chansonnette ;
Je chante ! ayez pitié de moi !

———

Le Soldat.

A la cabane solitaire,
Un pauvre soldat revenait ;
La nuit déjà couvrait la terre,
La bise d'automne soufflait.
Auprès de l'huis de la chaumière,
Au son éloigné du beffroi,
Il répétait : « Ouvrez, ma mère,
   » Ouvrez, ouvrez, c'est moi.

» Ouvrez, ouvrez ! » La solitude
A ses cris seule répondait ;
De faim, de froid, d'inquiétude,
Le pauvre soldat se mourait.
A la voix qui vous fut si chère,
Vous ne répondez pas ? Pourquoi ?
Il a redit : « Ouvrez, ma mère,
   » Ouvrez, ouvrez, c'est moi. »

L'heure passe, la nuit s'avance,
Il est là depuis hier soir ;
Hélas ! un lugubre silence
Règne encore dans le manoir.
Pauvre fils ! c'est au cimetière
Que ta mère attend après toi ;
Tu l'y joindras : « Ouvrez, ma mère,
   « Ouvrez, ouvrez, c'est moi. »

La Sœur de Charité.

Hélas! c'est la pauvre Rose
Qui vient, comme ci-devant,
Vous demander quelque chose
Pour l'entretien du couvent.
Et Rose a de sa patronne
La fraîcheur et la beauté;
Donnez donc, faites l'aumône
A la sœur de charité.

Craintive est notre fillette,
Et son ombre lui fait peur;
Mais s'agit-il de sa quête,
C'est alors qu'elle a du cœur.
Que craindrait la pauvre nonne,
Son bon ange est à côté?
Donnez donc, faites l'aumône
A la sœur de charité.

Le voisin dans sa chambrette
Quelquefois la voit venir;
Fût-il même à sa toilette,
Rose ne veut point partir.
Avant tout, il faut qu'on donne;
Le couvent est endetté.
Donnez donc, faites l'aumône
A la sœur de charité.

A la nonnette gentille
S'il demandait un baiser,
Je crois que la pauvre fille
N'oserait le refuser.
Elle a fait vœu d'être bonne,
Et celui d'humilité.
Donnez donc, faites l'aumône
A la sœur de charité.

L'Enfant abandonné.

Pauvre innocent, étendu sur la pierre,
Que fais-tu donc? qui t'a mis dans ces lieux?
Quel est ton nom? dis-moi quelle est ta mère?
Dis, n'as-tu pas d'autre abri que les cieux?

O pauvre enfant! tu ne fais que de naître,
Et le malheur sur toi s'est arrêté;
La honte, hélas! ou le crime, peut-être,
De ton berceau déjà t'a rejeté.

Mais il repose, et j'entends son haleine;
En souriant, il entr'ouvre les yeux.
Ah! pourquoi donc connaîtrait-il la peine?
Il ne sait pas que l'on peut être heureux.

Infortuné! je deviendrai ton père;
Dans ma chaumière, ami, viens avec moi.
Tu goûteras le pain de ma misère:
Pauvre je suis, mais le suis moins que toi.

Ah! si le sort, envers moi moins sévère,
Devait un jour m'accorder sa faveur,
Je trouverais un ami sur la terre,
Et nous pourrions croire ensemble au bonheur.

Point ne voudrais, destin, de ta largesse,
D'en jouir seul si tu faisais la loi;
A quoi pourrait me servir la richesse,
Si l'amitié n'est pas riche avec moi?

Mais je bénis la rencontre opportune;
Chez les heureux je puis donc me ranger.
En attendant que vienne la fortune,
Voici l'ami qui doit la partager.

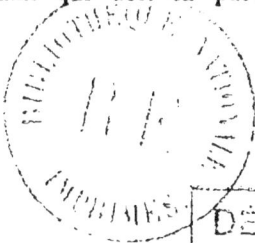

FIN

— Lille. Typ. J. Lefort. 1885. —

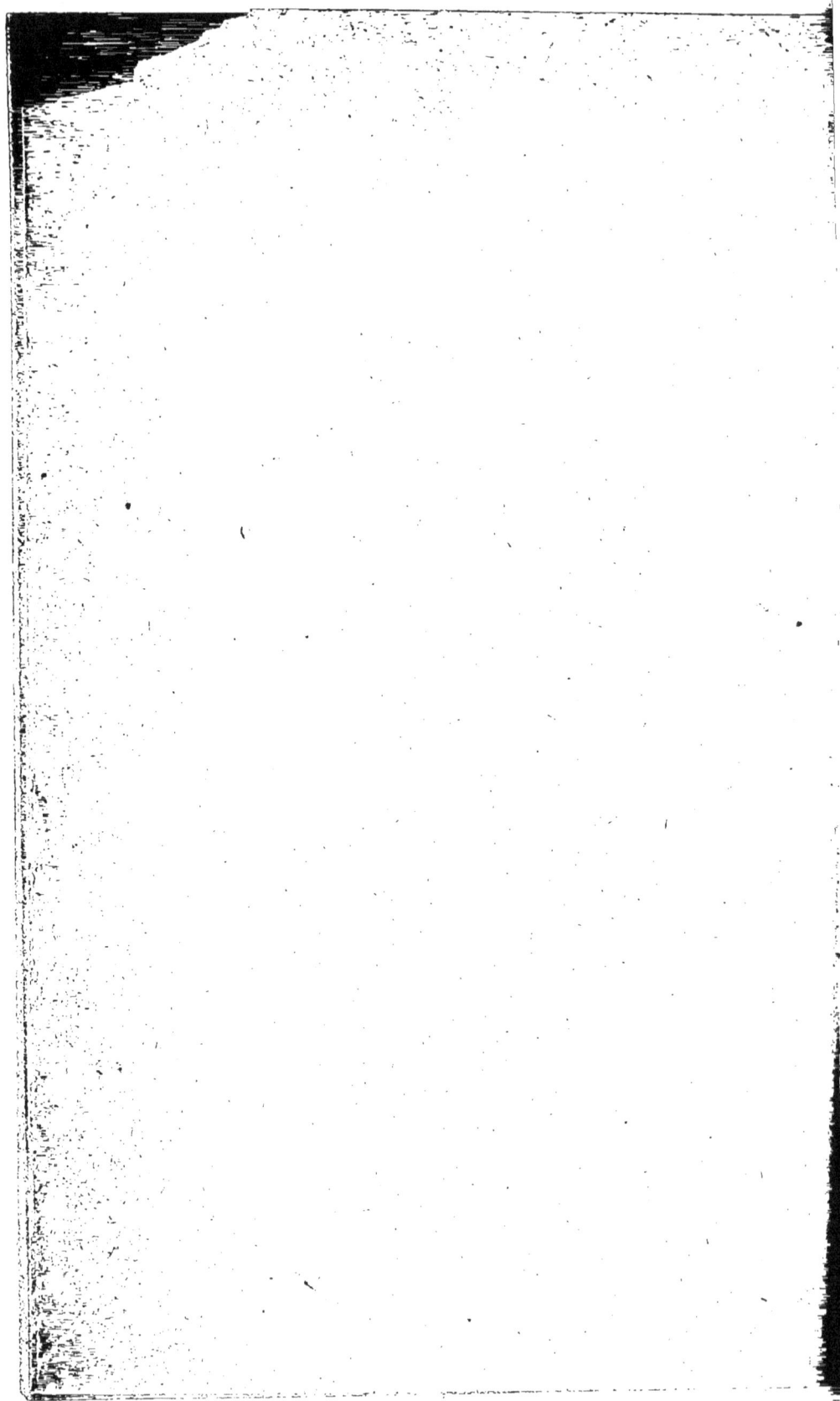

www.ingramcontent.com/pod-product-compliance
Lightning Source LLC
Chambersburg PA
CBHW062008200326
41519CB00017B/4715